U0944045

萧乾 主编

新编文史笔记丛书

第一辑

潇湘絮语

史穆题

◎湖南省文史研究馆 编

●彭小峰 主编

中华书局

目 录

政海云波

人物拾遗

文坛逸事

文教春秋

剧艺鳞爪

三湘揽胜

民间习俗

民族风情

饮食起居

湖湘一绝

序

萧　乾

读书界向来对野史有所偏爱。野史大多是信手拈来的历史片断，且往往出自亲历者之手。文直事核，不虚美，不隐恶，而文笔潇洒自如，意味隽永，自然朴实，篇幅不长；可以摊开来仔细咀嚼，也可供茶余酒后、行旅倥偬中，随手浏览。

鲁迅在《华盖集》中，曾几次对野史表示过好感。在《忽然想到》一文中写道："历史上都写着中国的灵魂，指示着将来的命运，只因为涂饰太厚，废话太多，所以很不容易察出底细来。正如通过密叶投射在莓苔上面的月光，只看见点点碎影。但如看野史和杂记,可更容易了然了,因为他们究竟不必太摆史官的架子。"又在同书《这个与那个》一文中说:"野史和杂说自然也免不了有讹传,挟恩怨,但看往事却可以较分明,因为它究竟不像正史那样地装腔作势。"

全国文史研究馆所编的《新编文史笔记》丛书,内容也属野史杂说的范畴。我们希望这些以亲闻、亲见、亲历为主的轶事掌故、琐闻杂记,写人、事而摒除误会曲解,述历史而符合真实面目。

作为一种短隽有味,文字清奇而又雅俗共赏的文学体裁,笔记在中国具有悠久的传统。它始自魏晋,盛行于宋代。南朝刘义庆的《世说新语》,北宋沈括的《梦溪笔谈》,南宋陆游的《老学庵笔记》,明朝张岱的《陶庵梦忆》,清朝纪昀的《阅微草堂笔记》以及20世纪30年代初丰子恺的《缘缘堂随笔》,都是文学史上的奇葩。然而,近年来笔记乏人问津。因此,我们出这一套书,也包含着挽回颓势之意。

全国三十二所文史研究馆拥有雄厚的稿源,两千多位馆员和各馆联系的社会人士,都是丛书的撰稿人。他们都是文史界的耆宿,见多识广,阅历丰富:有的反对过帝制,有的在"五四"运动中扛过大旗,他们目睹过军阀的横行霸道,也经历过艰苦卓绝的八年抗战。这些历尽沧桑的饱学之士,他们的所见所闻,都是弥足珍贵的史料。

本丛书分辑出版，分别由各地文史研究馆编辑，内容亦以本乡本土为主。因此，各册势必具有浓厚的地方色彩。

本着笔记固有的传统，所收各文题材不嫌庞杂。举凡与文史有关的政治、经济、军事、文化、社会等方面，或记闻见杂事，或叙往昔交游，或忆社会百态，均在搜罗之列。时间跨度则自清末以迄1949年为止。这正是中华民族从闭关自守到走向世界，从落后羸弱到奋发图强，是天翻地覆、风起云涌的大半个世纪。其间，发生过多少可歌可泣的事迹，涌现过多少杰出的人物。以这一时间跨度为背景题材写出的笔记作品，必然是内容最为丰厚的。

在选稿标准上，我们坚持史料一定要真，内容要新；既要防止以讹传讹，也力避炒冷饭。在写法上务求短小精悍、生动活泼。每篇以千字为度，希望借此在文风方面，提倡一下简约。在版式上，则想做到既利于阅读，又便于携带。

恳切希望文史界方家及广大读者，不吝赐正。

郭嵩焘力主禁烟

彭芝轨 遗稿　郑剑飞 整理

清光绪二年(1876),因云南马嘉理教案,郭嵩焘衔命出使英国。郭氏途经英属各地,参观最多,而印象最深者,厥为监狱、学校和炮台三项,愈见外人之图强,科学之进步,清朝政治之腐败,情急势绌。适有英议政院阿什伯里,遍游中国,于地方风土人情,均摄成照片,内有男女僵卧,一榻横陈吸食鸦片烟者。其时英国对于鸦片之种植、吸食,悬为厉禁,而中国受毒甚深,上下交征,恬不知耻。郭氏深为痛心、愤恨,曾于光绪三年(1877)二月初八日具奏设法禁止鸦片烟一折，未奉批谕，复于同年上第二疏，拟具禁烟的六条方案，递报国内。一曰权衡人情，以定限制之期；二曰严禁栽种，以除蔓延之害；三曰严防讹诈，以除胥吏之扰；四曰选派绅员，以重稽查之责；五曰明定章程，以示劝惩之义；六曰禁革烟馆，以绝传染之害。惜乎当时之清政府积弊已深，仅以官样文章谕令各省将军督抚酌度办理，几乎形成一纸空文。遂使郭嵩焘的志愿，徒寄两篇文字，未得实施，抱憾终生矣!郭实为清朝继林则徐之后力主禁烟又一具有卓见之大吏。

左宗棠治闽遭忌

湘文果

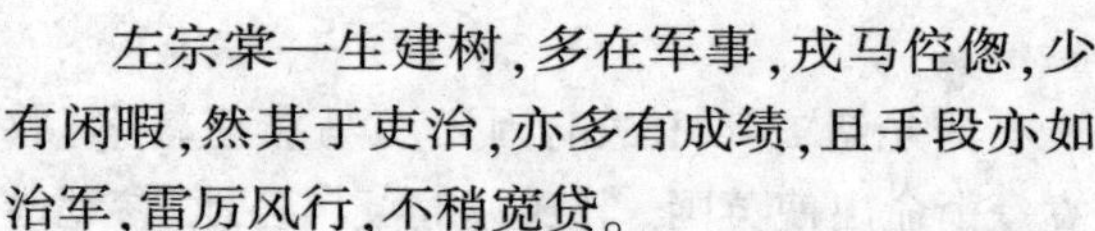

左宗棠一生建树，多在军事，戎马倥偬，少有闲暇，然其于吏治，亦多有成绩，且手段亦如治军，雷厉风行，不稍宽贷。

其任闽浙总督时，闽省吏治腐败，由来已久，积习已深。同治四年(1865)，他与其受业弟子周开锡(字受三，益阳人)之信中谓：“吏治之振新，全在上司精神贯注，除贪鄙吸烟及全无知觉运动之人断不宜用外，余皆随材器使，亦可渐收转移之效。”此信渐已透露其于闽省吏治痛加整治之决心。

同年四月，他以军事成功在即，即着手其整

肃工程。他先以盐政积弊,参罢福建盐政道潘骏章;六月,又连劾藩司张铨庆、督粮道周揆源,而代之以周开锡、吴大廷。不出三月,连罢三司道。乃至一省震动,同官无不骇然。

至左奉旨移督陕甘,福州士民攀辕挽留,万人空巷,然亦有人以俳体诗相讥:

“左相功成造舰来(指福州马尾船政),讲堂书局一时开 (指左创办正谊堂书局),滥支干 脯收闽士,分绾牙厘豢楚才(指左荐蒋益澧为浙抚,杨昌浚为浙江藩司、周开锡为福建藩司,三人皆湘籍),红顶提军扶步辇,白头方伯赋妆台(时左之差官皆因军功保至提督或总镇), 河湟风雪西行懒,结就攀辕几秀才。”

事闻于上,有旨令继任总督吴棠查办,且明白回奏,经吴极力为之洗刷,事虽寝,然于左治闽,不无遗憾也。

青岩、开州教案与田兴恕

周少连

田兴恕,字忠普,凤凰县沱江镇人,苗族,1836年生。幼孤,随母过着替人放牛、割马草的生活。

他快满十六岁时, 碰上镇竿 (凤凰旧称)招

兵,参加了竿军,因他骁勇机智,屡建战功,逐级晋升。1861 年任贵州提督,受命钦差大臣,继又兼巡抚。当时法国侵略者凭借《中法条约》,取得了在中国传教的特权。外国传教士也就充当了资本主义列强侵略中国的重要角色。中国人民对此早已义愤填膺。

这一年,法国天主教贵阳教区主教胡缚理得到传教士护照后,为了显示威风,与中国地方官分庭抗礼。田兴恕深为不满,于是向全省各级官员发出扑灭洋教的密令。

这年端午,青岩地区的群众上街去"游百病",在经过姚家关大修院的门口时,与大修院守门人罗廷荫发生争吵,罗仗着洋人势力,气焰十分嚣张。青岩团务道赵畏三得信后,及时派人逮捕了教民罗廷荫、张文澜、陈昌品,要他们放弃洋教,限期五天答复,并查抄、焚毁了大修院。接着骑马飞奔贵阳报告田兴恕。田听了,喜出望外,将他提升为团务总办,兼署青岩团务道。

胡缚理知道后,两次写信,要求释放张文澜等三人。田置之不理。胡缚理又通过德纳马以法国公使馆名义写信给田兴恕。田认为这是洋人拿不平等条约来恫吓,就将原信退回,并密令赵畏三将张文澜等绑赴刑场斩首。史称青岩教案。

1862 年 1 月,清廷发出谕旨,罢了田兴恕钦差大臣,撤去田的兼职,仅保留提督一职。但田反洋教的决心不变,仍然继续坚持斗争。

1862 年阴历正月十五,开州夹沙龙群众祭龙，欢度元宵佳节，天主教以奉教为理由，不准教徒参加，群众与教徒争执起来，知州戴鹿芒得知，飞报田兴恕。田听说开州传教士敢于如此，便批示正法。戴鹿芒立即派人将天主教传教士文乃尔、教徒张天申、吴学、陈显恒、易路济逮捕，凌迟处死，并将首级挂在城门上示众。史称开州教案。

青岩、开州教案发生后，法国公使馆向清政府提出严重交涉。经过多次谈判，清政府不得不将田兴恕遣戍边疆，田到秦州后，因道路阻隔，乃交陕甘总督左宗棠编管。

后田经左宗棠保奏释放，于1872年返回原籍。1877年逝世，时年四十一岁。著有诗集《更生诗草》，其中有云，“输赢人事无常局，贫贱吾家有素风”，抒发了他的抑郁、愤懑之情。现在县城东去五里的朱家垄尚有其墓冢。

孙中山与黄兴的第一次会面

化　玉

关于辛亥革命史的书籍中均称孙中山与黄兴第一次会面，是经日本友人宫崎寅藏引荐的，其史料来源于《宫崎滔天全集》第一卷的回忆录。我们在查阅历史资料和调查过程中，证实了孙中山与黄兴第一次会面，是经中国留日学生会杨度引荐的。

孙中山早年曾在日本从事过革命活动，于1897年8月结识了宫崎寅藏，关系甚笃。1904年湖南留日学生杨度、黄兴、宋教仁等与宫崎寅藏相识，来往密切。杨度时任中国留日学生会会长，他豪爽好客，对朋友不拘礼节，谈吐随便，坦诚相见，其寓所常是留日学生聚会的场所。他经常同黄兴、宋教仁、陈天华、章士钊、方叔章等湖南留日学生讨论反清救国的问题。宫崎寅藏常来寓所交谈，说及孙中山的革命活动。

孙中山于1903年9月离日本赴檀香山、美国、英国和欧洲考察后，1905年7月19日返回日本横滨，随后到达东京，于7月23日慕名拜访杨度，杨度非常高兴，两人亲切交谈，感情融洽，一谈就是三天两晚，研讨反清救国的道路。分别时，孙中山怀着惋惜的心情说：你确是爱国志士，血性男子。可惜，我们暂时还不能引为同志。听说黄兴是你的好友，如能居间介绍，使我们能并肩战斗，实为革命之幸。杨度当即高兴地表示，黄兴是我们湖南的奇男子，华兴会的领袖，他的政治信仰和你一致，乐意为之介绍。孙中山极为高兴，并约定翌日同访黄兴。

7月26日，孙中山偕杨度兴冲冲地来到黄兴寓所，黄兴见到孙中山，双方极为兴奋地紧紧握手，互相问候，气氛亲热，恨相见之晚，两人畅谈革命形势，共商革命大计。黄兴表示完全赞同孙中山之革命主张，十分佩服他的远大抱负，决定追随他革命到底，不遗余力。会见时并决定，筹建中国同盟会,函约宋教仁、陈天华等于7月28日至《二十世纪之支那》杂志社会晤孙中山。此次会见,奠定了“孙黄联盟”的基础,开始了中国民主革命的新起点。自此,黄兴追随孙中山革命,始终如一,赴汤蹈火,在所不辞,表现了一个伟大革命家的英雄本色。

黄兴与徐宗汉

叶 浓

黄兴与早期的同盟会员徐宗汉,是生死与共的战友,又是爱情深厚的夫妻。

徐宗汉,原名佩萱,广东香山县北岭村(今珠海市香洲区北岭乡)人。1907年任教槟榔屿时,参加同盟会,从事革命活动。翌年秋,被派回广州,与高剑父、潘达微等组织同盟会分机关。1909年秋冬间,同盟会准备在粤起义,派徐去港秘密运炸药。1910年2月准备发动新军起义,徐任联络工作,设机关于广州高第街宜安里。准备起义时,由她分途纵火,以乱清吏耳目。由于清廷已采取预防措施,黄兴仓卒提前起义,结果归于失败。徐知事机泄露,逃往香港。

1910年10月,孙中山、黄兴决定在翌年4月27日再行起义(即后来的黄花岗之役)。徐参加起义准备工作,在香港摆花街机关制造炸弹,

临近举事时将机关迁到广州溪峡。她带领亲友从香港将枪械弹药秘密运到广州。她伪装为颜料行主妇，把军火装在颜料罐中，并在门口贴上大幅红对联，扮成新娘，以迷惑敌人。起义前夕，她担任将武器发给"选锋"(敢死队员)的任务。

4 月 23 日，黄兴离港去广州，行前，致函友人称："……本日驰赴阵地，誓身先士卒，努力杀贼，书此以当绝笔。"表现了他坚强的革命意志。

4 月 27 日黄花岗战役中，黄兴率敢死队进攻督署，不幸失败，黄右手中弹，伤二指，改装后深夜奔至溪峡机关。徐宗汉惊喜交集，并即为之裹伤，多为劝慰。当时，广州全城戒严，清军四处盘查，溪峡极不安全。4 月 29 日，徐宗汉购灰色长衫，为黄易装。深夜，亲自护送乘哈德安轮至香港。时客舱无房舱，徐将黄兴安置在厅中梳花椅上装睡，自己靠坐其旁，加以掩护。抵港后，黄指伤甚剧，一指将断未断，乃入雅丽医院割治，按医院规定，手术须家属签字，徐以家属名义具签，并悉心照料。患难见真情，黄兴出院后即与徐宗汉结婚。

留日学生中的"神州学会"

申悦庐 遗稿　澂　雨 整理

1915 年 8 月，袁世凯设筹安会于北京，鼓吹帝制，当时留日学生中形成了反袁的共同行动。其中最著名的有两个学会：一为“中华学会”，是河北李大钊等发起的；一为“乙卯学会”，是湖南易象等发起的。这两个学会入会比较严格，表面上是学术团体，实质上是反对袁世凯的政治团体。因为这两个学会的宗旨、性质相同，会员的资格也相同，于是就合并为一，改名为“神州学会”。会员共约百多人，内设干事部，下分教育、政治、经济、军事诸科；另设有一个总议会，评议长是李大钊。我最初是乙卯学会会员，合并为“神州学会”后，我担任过教育科主任、干事长。会员中我记得有李大钊，湖北的邓初民，四川的杜国庠，广东的林砺儒，安徽的高一涵，湖南的易象、林祖涵(林伯渠)、仇鳌、彭一湖等。会员的思想极为复杂，有研究卢梭、康德、黑格尔、圣西门等学说的，有研究孔子、老子、晏子、韩非子、王阳明学说的，也有研究佛学及无政府主义的；会员中有的参加国民党、中华革命党，有的无党无派，但坚决反对袁世凯盗窃国政复辟帝制则是完全一致的。

会员的活动，可分为两类：一是集体讲学，或作报告；二是私人谈心，或三五人一起谈心。私人谈心有两件事给我的印象非常深刻。一是有一天李大钊来访，携带一部颜元(习斋)的《颜氏学记》给我看。这是一部极端反对宋明儒学空谈心性的著作，而颜元又强调实践，能亲身参加农业劳动，主张均田。这部书给我很大启示，使

我开始知道颜元、李塨的学说。还有一件事：当时林祖涵与我接触颇多，他是学经济的。我们讨论问题时，我说："要革新中国，要有合乎中国民族性的学说作为指导思想。"他说："最主要的要有一种力量，比如春秋时代的孔子，不仅他的学说适合当时社会需要，而且还有三千弟子和七十二位高足替他宣传。"我常谈一套狭隘的民族主义的见解，他说："还要实地去干。"他还说："想找一支好的有纪律的军队，找一个地盘，实行所谓'仁政'。"我叹息中国上层社会腐败堕落，如何才能变好。他开导我说："坏极了，就会变好，所谓物极必反。比如豆腐坏了，就发臭，长霉，霉坏了又转香，才成了可口的腐乳。"这段通俗易懂的道理对我启发很大。

神州学会成立之初搞得有声有色。1915年12月云南起义，会员纷纷回国，参加反袁的实际斗争。袁世凯垮台以后，除一部分会员留在日本作些文字工作外，这个团体就慢慢地无形消散了。

回忆遇刺前的宋教仁

杨思义 遗稿　汉　涯 整理

1913年1月，宋教仁在视察华北国民党党务并布置各省的选举后，回原籍湖南桃源县省亲，小住几天后来到长沙，受到湖南民众的热烈欢迎。他由北京动身前写信约我在长沙相会。他在长沙虽然只停留了三四天，每天同本党同志和各界人士接触频繁,工作十分繁忙。我很替他的健康担心,但没想到会发生其他变故。3月上旬,他由长沙动身到湖北、江西等省宣传本党的政策和视察党务,顺便到上海和孙中山、黄兴商洽事宜,然后再赴北京。他在湖北、江西等省的欢迎会上发表政见时，严词谴责袁世凯的劣迹和野心,致招袁党之根。当时袁党在上海各大报上发表两篇匿名文章,对宋进行攻击。宋回上海后也写了两篇文章,将匿名氏驳斥得体无完肤。3月20日上午,我到他处坐谈,接着于右任和陈英士也来了。于右任对宋说:“这几天不再见有匿名氏的文章了。”宋靠在沙发上仰天大笑说:“从此南人不复反矣!”语后狂笑不止,眼角都笑出泪来了,我还没有见他如此狂笑过。陈英士这时提醒他说:“遯初(宋教仁字遯初)，你不要快活,小心他们用暗杀手段来对付你。”宋笑着说:“只有我们革命党人暗杀敌人,哪里怕他们来暗杀呢?”于右任也警告他说:“的确,你要仔细,你赴京还是坐海船去稳妥。”宋说:“那太慢了,我决计坐津浦路火车去。”当时我不明了情况,也不便插嘴。21日深夜,我有位同学来寓所,告诉我说:“袁世凯派了刺客要暗杀宋教仁，他要严加防范。”我决计翌日前去阻止他乘火车,改由海道赴京。不料次日(22日)天刚亮,就有同志打电话来告诉我说:“宋教仁于前天晚上在上海北

火车站被人暗杀，身中两枪，现正在沪宁医院抢救。”我听了大为惊骇，即驾车前往医院探望。到医院时见许多同志围着他的病床号哭，我知道不妙，急忙揭开被单一看，他的遗体已经僵硬，已死去数小时了，我不禁为之大恸。

宋教仁是当时国民党中具有组织才能和享有威望的中坚人物。袁世凯虽然是国民党的仇敌，但在品评国民党人物时，却认为宋教仁心细才长，是民国最有希望的人物，并极尽利诱拉拢之能事。无奈宋教仁坚持革命主张，不为所动。袁世凯乃由爱而生畏，由畏而生恨，竟不惜采取卑劣的暗杀手段。宋教仁去世年仅三十二岁。

王闿运、李执中“参加”筹安会之谜

彭　昺 遗稿　郑剑飞 整理

1915年，袁世凯图谋帝制，筹安会遍于国中。其时汤芗铭督湘，制造民意。凡籍隶本省，夙负声望者，多被罗致，列名劝进。其中亦有非出于本人意旨，而为其子弟或他人所假托者，如石门李执中，湘潭王闿运即是。

李为光绪壬寅科举人，同盟会员，曾充国会议员，以参加讨袁，曾被通缉，亡命日本。王闿运则以年事已高，由京都辞职返里，其弟子杨度以袁氏将称帝事告知，劝其劝进，王复书峻拒。后劝进名单中，李、王二人均被列入，披露报端，阅者无不气愤。其时省会广益中学，先一年停办(此校为禹之谟所创，原名惟一，国民党人多伏其中，为当道所忌，被勒令停办)，至是复活，亦藉李氏之力，并改名执中学校，以李氏之名相标榜。学界对李氏此举极端鄙视，后阅时稍久，始知二人列名，均为伪托。李氏通缉后，家人惶惧，是澧州镇守使王正雅言于汤芗铭，为其说情，汤欣然乐从。王氏则恰在病中，由其子代功在劝进名单上签署。其后赦令出，李氏得知，极为痛恨，曾有启事郑重声明，登载《甲寅杂志》。王氏不久下世。其子代功所为《湘绮老人年谱》，诿称湘吏窃用其名，实则半假半真。假即非出本人之意，真则已得其家人同意也。

桂林蒋翊武碑文

许和钧 稿　艾　华 整理

蒋公翊武，湖南澧县人，辛亥首义元勋。袁世凯复辟帝制时，以为"蒋公天下才"，欲以陆军上将衔网罗之。蒋公不受其诱，联络各方志士，起而讨之。事不逮，奔走广西桂林，行抵全州城外乡间，为袁贼走狗秦步衢所获，旋于 1912 年

10月9日从容就戮桂林丽泽门外，年仅二十九岁。当蒋公英勇就义之时，慷慨陈词，闻者无不唏嘘泪下，愤激感动。

1916年9月，湘、桂督军将蒋公遗骸公葬于长沙岳麓山。1921年，孙中山先生军次桂林，追念蒋公为国尽忠，特立纪念碑于蒋公当年喋血处。亲题“开国元勋蒋翊武先生就义处”十二字，刻于碑上，并命胡汉民作碑记，碑文如下：

> “蒋公翊武，澧县人，笃志革命。辛亥武昌发难，公功为冠，以武昌防御使守危城，却强敌。事定，即引去，当道縻以官爵不受。癸丑讨袁，将有事于桂林，至全州，为贼将所得，贼酋阿袁氏旨，遂戕公于桂林丽泽门外。今年大总统督师桂林，念公勋烈，特为公立碑，而命汉民书公事略，以昭来者。公之死事与瞿、张二公不同，而其成仁取义之志则一也。”

桂林纪念碑已毁，今补记之。

剪发的风波

吴　剑 遗稿　龚业隆 整理

“五四”运动后，湖南大兴妇女解放之风，女子纷纷把盘髻头剪成短发。此事倡自周南女校职员陶斯诛等人。稻田女校附小教员王存粹和我二人,继其后响应,为稻田女校剪发之始。

1919 年春夏之交的一个星期天，稻田女校师范生曹瑛、吕明等八九个人雇一理发工人来校,通通剪成了短发。学校当局知道后,把为首的曹瑛记了过,还声称要开除学籍。曹瑛气愤已极,用玻璃碎片切颈,以死相抗,幸及时抢救,只颈部受伤。为此,学生群情激愤,集会反对学校当局。附小教员王存粹和我大力支援,可是,师范八班班主任蔡人龙拉拢反抗的学生，松懈其斗志,斗争未得效果。学校怕风潮扩大,没有开除曹瑛,曹自动转学他校,改名曹孟君,解放后任全国妇联副主席。

这一风波虽告平息，但以后学校竟要解聘首倡剪发的女教员。1921 年夏，我辞去教员职务，附小主事吴寿枏对我说:“你能离开这里更好,我也将继你后离校,因校长童锡桢为学生剪发事深怪了你们,逼我下期将你解聘。”于是我就离开了该校,走上了新的奋斗历程。

湖南最早的妇运组织
——女子参政同盟会

段韫晖 遗稿　晓　雨 整理

1911 年辛亥革命推翻了清王朝,人心振奋,民权思想奔腾澎湃。湖南妇女领袖唐群英,在南京争取女子参政，曾捣毁临时大总统府的参政院,全国为之瞩目。1912 年,北京组织全国女子参政会,唐被选为会长。她在北京曾嘱托知识妇女何步兰(宁乡人)回长沙组织女子参政同盟会湖南分会。终因人力不足,会址无着,自夏经冬,犹无头绪。同年 12 月唐群英自京返湘亲自筹备,在唐的有力组织和推动下,于是月 18 日正式成立中国女子参政同盟会湖南分会，唐群英被选为会长,会员有八百余人,会址设在长沙市南门外天妃宫。这是湖南最早成立的妇运组织。唐群英系湖南衡山人，父亲官至提督，幼读诗书,长于国学,善交游,具男子风度,洁身自好,人莫敢侮。清末留学日本,回国后,见秋瑾为国牺牲,深受激励,奉为楷模。她受当时民权思想影响,提倡女权,为当时妇女运动中心人物。后来她立志办学。1933 年她去南京国史馆工作,路过长沙,我与她会晤,临别赠她绝句二首:第一首是“几年遁迹隐仙乡,又为苍生一整装,矍铄精神无量愿,好凭身手作慈航。”其二是:“临歧执手两依依，别绪难禁泪暗挥，国本飘摇时已急,前途珍重莫言归。”

《女界钟》和赵五贞

周敦祥 遗稿

《女界钟》是我省早期女学生自办的一个刊物，由陈启明担任指导，我是总编辑，这时我还是周南女子中学学生。在这以前，1919年春，我和魏璧、劳启荣、贺延祜三人在蒋竹如老师、陈启明老师的介绍下，参加了毛泽东发起和领导的新民学会，为这个学会的第二批会员，蒋、陈两老师是毛泽东在一师的同班同学，因此创办《女界钟》实际上应是新民学会在周南女中的一项活动。

《女界钟》是一个周刊，从1919年10月办到11月。当时长沙城里发生了一件重大的社会新闻，一个已有了民主自由思想的女学生赵五贞，因不满父母包办婚姻，在被迫出嫁的"花轿"中，用剪刀割断喉管自杀，以示抗议。一时间，长沙大街小巷，议论纷纷，许多报纸作了详细报导。毛泽东那时住在马王街，跑到西园北里指示我们《女界钟》赶快出"赵五贞专刊"，这一期共印了四千多份，那时，《女界钟》是湖南为新妇女主持正义的惟一刊物，可惜仅出了四期，就被万恶的封建军阀封闭了。

“五四”运动长沙学生总罢课

蒋竹如 遗稿　滋　寒 整理

1919年北京“五四”运动爆发，湖南在军阀张敬尧残酷统治下，严密封锁消息，直到五月中旬，我们才从报刊上看到北京爱国学生运动一鳞半爪的报道，但仍不知道运动进展的真实情况。

我当时是湖南第一师范学生，早已参加毛泽东同志发起组织的新民学会。5月23日晚上，我正在自习室复习功课，忽然毛泽东同志叫我出去，并告诉我：“北京学生派来了两位代表(一名叫邓仲澥，另一名记不起了)，要求湖南学生举行总罢课，和北京学生采取一致行动，现在我们要商量一下怎样响应。”于是他邀我和陈书农、张国基等几位同学到一师后山操坪商谈，决定通过新民学会会员展开活动，每个学校推举一至两名代表，于5月25日上午在楚怡小学开会。第二天，我们便分头活动。25日上午，到会的有一师、湖南工专、商专、法专、明德中学、雅礼学校、周南女中、楚怡工业学校、长沙师范等校代表，共二十多人。开会时，首先由毛泽东同志介绍北京来的两位学生代表同大家见面，然后请两位代表介绍“五四”的起因以及北京学生和市民游行示威的情况，以及坚持斗争的目的。他

们希望湖南学生举行总罢课，声援北京的爱国斗争，要求惩办曹汝霖、章宗祥、陆宗舆三个卖国贼，拒绝巴黎和会通过的对德和约。大家听到两代表介绍天安门前五千群众集会的热烈场面，都很激动兴奋；听到火烧赵家楼(曹汝霖住宅)，痛殴章宗祥，莫不击掌称快，连说“烧得好”！“打得好”！两位代表讲话完毕，毛泽东同志便提出罢课问题，请大家发表意见，结果都主张罢课，随即作出决议：(1)成立湖南学生联合会，作为统一各校学生行动的领导机构；(2) 各代表回校迅即传达北京学生代表报告内容；(3) 立即举行总罢课，还酝酿讨论了全省学联的章程。

5 月 28 日，各校代表齐集长沙市教育会坪，举行湖南学生联合会成立大会。首先通过章程，然后进行选举，并通过了罢课宣言。学联会址设在落星田湖南商专，毛泽东同志有时也住在商专，便于指导学联开展活动，可以说，他是这个富有战斗性的新的学生组织的实际领导者。学联成立后的第一个任务就是发动各校总罢课。6 月 2 日召开全市学生大会，决定从当日开始总罢课，并发表宣言。记得宣言主要内容是：“……夫学生之求学，以卫国也。国于不存，学于何用？我湖南学生出于良心之感发，鉴于时势之要求，决定自 6 月起，全体罢课，力行救国之职责，誓为外交之后盾。”6 月 3 日以后，长沙市各学校相继罢课，同时还开展了以抵制日货为中心的反日爱国运动，从而形成了反帝爱国斗争的高潮。

“三·一八”惨案亲历记

夏明纲 遗稿　龙　业 整理

1926年3月初,奉系军队入关,前锋到达塘沽附近时,日本帝国主义公开出面,最后通牒与奉军作战的冯玉祥,限他的国民军二十四小时内撤出塘沽。日方露骨地干涉我国内政,激起全国人民义愤,各地抗议和谴责的电文如雪片飞来,并纷纷集会游行。

3月18日,北京市群众上万人在天安门前集会,决定向段祺瑞执政请愿,促其拒绝日本的无理要求。大会由徐谦主持,有国、共两党代表和学生代表在大会上讲了话。会上推于右任、李大钊、丁惟汾、徐谦、王一飞等五人为请愿代表,随游行队伍赴执政府递交请愿书。当时我在中共地下党组织负责宣传工作,也参加了游行。游行队伍除带旗帜外,未带任何武器和棍棒。大家沿途高呼口号,抵达执政府门口时,只见自西至东排列了一支全副武装的卫队,执政府铁栅紧闭。群众刚整好队形,只听“嚓!嚓”连声,卫队把雪亮的刺刀插上枪头,一派杀气腾腾景象。请愿代表隔着铁栅向里面问话时,答复是:“今天星期日,不办公。”请其收下请愿书,答复说:“未奉命令,不敢收。”代表们向群众说明后,决定到吉兆胡同段祺瑞住宅去请愿。刚把队伍调向东转，举步待发，忽闻枪声连响，惊得群众奔散四方。我手中拿了照相机，想摄下镜头，作宣传之用。当东头枪响时，我大声喊道："不要怕呀！是放空枪，不要怕！"瞬间，一个军官将指挥刀壳向我头上猛击，幸我头上戴了厚呢博士帽，只头皮肿了一块。我回头东望，身边已有一人倒在血泊中，人群拥挤，路途堵塞；再向西望，见西辕门角上藏有数十人，我遂向那里奔去。这时，枪声密集，气氛恐怖。枪声停止后，我便向西走，刚去西辕门，遇上几个士兵，厉声问："你是什么人？"我答："是新闻记者。"士兵又问："你手里拿的什么东西？给我！"我听后向西飞跑，士兵紧追不放，我三步并作两步，由西转南，逃出了虎口，喘息未定，又闻密集的枪声。总计这次惨案，死亡四十七人，伤二百余人。那时我在中国济难会北方区分会兼职，救济革命群众中因公受伤、受损和失业的人员是该会的主要任务，故能接触这方面工作，是以为记。

北去衩裙知殉义

胡锡龙

杨德群，字先哲，1902年出生于湖南省汨罗市铜盆寺一个颇有名望的书香门第。六岁入学，

1913年入省立稻田女校,在校三年,品学俱进。毕业后,毅然奔赴湘西山区,到我国妇女运动的先驱者向警予创办的小学任教。1924年秋考入武昌师范大学;1925年进入北京女子师范大学文预科,一面潜心研究社会科学,一面参加社会活动。1926年,在震惊中外的"三·一八"惨案中,与刘和珍等死于段祺瑞的屠刀之下。鲁迅在《记念刘和珍君》文中写道:"同去的杨德群君又想去扶起她,也被击,弹从左肩入,穿胸偏右出,也立仆……"遇难后,在北京女师大,在省会长沙,在汨罗江畔,先后举行了隆重的悼念活动。长沙稻田女校的追悼大厅里,悬有这样一副挽联:

说什么言论自由,只因唤醒同胞,须臾惨死横燕市;

问谁不牢骚愤发,试看招魂母校,感慨悲歌满稻田!

在德群家乡的追悼大会上,同乡宋叔山所撰一联,对烈士置生死于度外的大无畏精神,给予了极高的评价:

悲歌慷慨,燕赵自古为多,
尚有习俗移人,北去衩裙知殉义;
儿女英雄,死生原置度外,
可怜门庐倚望,南来鸿雁不传书。

烈士的父亲杨卓人先生深明大义,在痛挽爱女的联中,显示了一位爱国志士的博大胸怀:

已沾教育十余年,当知国是阽危,
徒事捐躯难塞责;

但愿同胞四百兆，此后大家努力，
今虽惨死亦无悲！

我同聂耳最后相处的日子

贺绿汀 口述　李化钰 整理

1933年秋至1935年春，我在上海音专继续从黄自教授学作曲。当时正值上海"一·二八"淞沪抗战之后，日寇铁蹄横行上海，国难家仇，激励着我参加一些抗日救亡活动。青年作曲家聂耳和戏剧家田汉，亦在此为救亡运动效力奔走。我曾看过聂耳参加演出并作曲的《扬子江暴风雨》，深感他那些富于时代精神和战斗气息的歌曲，给苦难的中国人民带来极大的鼓舞和教育。

奋斗在上海的聂耳工作非常辛苦，常常从白天忙到深夜，得不到休息。他除了工作外，还自学西洋器乐演奏，从不间断。有一次聂耳到我处，请我给他介绍学西洋音乐的老师，我很佩服他的学习热情和革命精神，引荐他从上海音专俄籍教师阿甫夏洛穆夫学钢琴及理论。由于他刻苦用功，进步明显，很受阿甫夏洛穆夫的赞扬。

在上海救亡活动中，田汉、聂耳同我一道从事宣传发动工作。田汉这时期创作了表现知识分子在民族危亡之际走向抗日民族战场的剧本《风云儿女》。可是，1935年2月中共上海文委组织遭到破坏，他同阳翰笙被捕，关押在上海公安局拘留所，3月间押送南京宪兵司令部看守所受审。田汉被捕后，《风云儿女》经夏衍改编为电影摄制台本，聂耳和我同时参加了这部电影歌曲的创作。《风云儿女》的主题歌——《义勇军进行曲》歌词是田汉创作的，语调激昂，感人肺腑，催人奋进。聂耳作曲，以慷慨雄壮的旋律，坚定勇敢的进行节奏，鼓舞人民团结抗敌。它唱出了时代的声音，人民的吼声。

不久，聂耳怀着提高音乐文化素养、提高音乐创作技巧的心情，经日本去苏联学习和考察。他走后，我只好去找阿甫夏洛穆夫配乐队伴奏。这样，这首歌曲通过影片和唱片，冲破了黑暗社会的阻力，成为抗日救亡运动的号角。可惜聂耳于1935年7月17日在日本藤泽市海滨游泳时溺水逝世，这不幸的消息我是从报纸上看到的，当时，我的心陡然一沉，非常惋惜这位卓有才华充满青春活力的音乐家英年早逝。我想，他的革命精神，不朽的创作，是永垂后世的，必将鼓舞全国人民在社会主义的道路上永远前进，人民将永远怀念他。时间过了十四年之后，在中华人民共和国成立时，1949年9月27日中国人民政治协商会议第一届全体会议作出决议："在中华人民共和国国歌未正式制定前，以《义勇军进行曲》为国歌。"现已正式定为国歌。这是中国人民对人民音乐家聂耳的永远纪念，也是对这位中国人民的伟大歌手的充分肯定。

回忆县长考试

甘　融遗稿　工　农整理

1920年冬，赵恒惕接任湖南省省长，为加强统治，决定举行第一届县长考试，表示用人公开。他延聘国学大师章太炎为主试委员长，1925年7月公布考试条例，规定应试人员资格如下：(1)曾在国内外大学或专门学校修法律、政治、经济等科三年以上得有毕业证书者；(2)曾在国内外其他专门以上学校毕业，任荐任职二年以上者；(3)在国内外专门以上学校毕业，曾任县长一年以上者；(4)在中学以上毕业，曾任最高级委任职五年以上者。年龄限制在三十岁以上，五十岁以下。这次共计报名一千一百余人，合格的四百三十七人。8月下旬举行初试，试场在长沙学院街的学台衙门。考试国文二篇，第一题是：《宰相必起于州部论》(出自韩非子《显学篇》，原文云："故明主之吏，宰相必起于州部，猛将必发于卒伍")；第二题大意是："区田之制，对于防旱，古人试有，湖南可否仿行，试抒所见。"那天五鼓时，放号炮三声，黎明时应试人员鱼贯入场。核对相片后，点名给卷。考试时间为六小时，中间发点心一道。应试人不明试题出处，草草完卷的颇多。

初试毕后十天发榜，取录六十二名，接着复

试。复试科目为宪法、民法、刑法、公牍四项,交卷时由赵恒惕、章太炎和监试主任委员吴景鸿进行口试。

9月中旬发榜, 计取录吴天牧等三十名,其中五十岁的一人,四十岁以上的十四人,三十岁以上的十五人。我那时刚满三十岁,侥幸名列第三,为一般人所艳羡。放榜那天,清末残留的报条房写着报条, 敲锣鸣炮到考取人员家里或寓所报喜,索取喜金。10月初旬,省长公署举行授与考取证书仪式,并在省署大厅宴请主试、监试委员及新考取人员, 好似科举时代的鹿鸣宴一样。

11月中旬,录取的第一名发表为宁乡县长,1926年1月,第二名钟秀发表为常宁县长,我为汝城县长。到3月底,考取人员发表了半数。

一位反军阀的爱国基督教徒

梁志高

基督教长沙循道公会教师李泰阶, 湖南平江县人, 当年对湖南都督汤芗茗拥护袁世凯称帝,大肆捕杀革命党人的暴行,极为愤慨。1915年,孙中山先生派王鹏、廖湘芸来湖南从事倒汤活动。经黄驾白兄弟(均为同盟会员)推荐,以李泰阶教师宅第为联络据点,会商各项事宜。几经筹划，革命党人决定于1916年2月20日分途进攻督军署(今长沙市又一村体育馆)。李泰阶率领一队人从史家巷进袭，不意原约定的军署卫队内应叛变,事败,李率队退回。当晚,汤芗茗通过英领事知会循道公会英籍牧师交出革命党人,李泰阶挺身而出,承担责任,被捕入狱,其他革命党人终于脱险。李在狱中宣传反袁倒汤意义和基督教教义，狱吏恐惧，除将李单独囚禁外,并给他加锁十三斤重脚镣。同狱李耐冬作诗赞曰:“挟弹怀炸去熬汤,煮得香茗佐酒浆,可笑泰阶蒸不死(室小气闷),陆军监狱做镣王。”袁世凯称帝失败,汤芗茗逃出湖南,5月9日,李泰阶出狱后重返教会。

1920年,赵恒惕主政湖南,实行专制,惨杀无辜,滥征税收,怨声载道。李泰阶出于救国救民的仁爱之心，与其他志同道合之士密谋除赵。1922年3月某日，长沙基督教青年会假东牌楼遵道会主办科学演讲,请赵恒惕参加开幕式。会散,赵乘轿出门,李等向赵乘轿投掷炸弹,仅伤轿夫。赵急令搜捕,限期破案,并悬赏银洋五百元。李泰阶避平江老家,后因叛徒告密被捕,受尽酷刑,虽筋断骨折,宁死不屈,终于是年4月11日被害。解放后,我长期在省宗教局工作,老牧师鲁赐生、梁湘山多次对余述及此事,并赞佩不已。

“敢向人间惹是非”的南岳僧道

蒋　欣

南岳是我国少有的一处佛道同居的名山，至今南岳大庙的配殿，仍然是左边八个道观，右边八个佛寺，以示佛道有同等地位。

南岳南台禅寺和尚印云，善武术，其棍术造诣更深。他曾将青田棍术套路加以总结整理传世，并写有《青田棍歌诀》。抗日战争时期，印云大师与上封寺和尚一起组织僧侣游击队，保护南岳庙产。周恩来在南岳游击干训班视察时，曾至上封寺，并为僧侣游击队题词：“上马杀贼，下马学佛。”

1939年5月7日，南岳祝圣寺还成立了“南岳佛道救国协会”。成立的那天，当时任南岳游击干训班副教育长的叶剑英曾发表演说，并引用高尔基的名言：“站在革命火焰面前，要自己首先跳进去，才能闪耀出伟大灵魂的光辉。”他以此鼓励和支持爱国佛、道人士的正义行动。

该救国协会成立后，发表了《抗击日军侵略者宣言》，组织了青年服务团和流动工作团，分别由巨赞和暮笳两位和尚领导，并深入到长沙、湘潭、衡阳等地宣传抗日，参与救护工作。流动工作团在湘潭曾冒着生命危险，在日寇飞机的扫射下抢救炸伤的同胞。僧侣与道人们表现得非常英勇。田汉写诗赞颂道："锦衣不着着缁衣，敢向人间惹是非；独惜潇湘春又暮，花前趺坐竟忘归。"

一纸书退十万匪众

田 戈

湘西解放前夕，以瞿百阶为首的一股土匪从龙山、大庸流窜到慈利县境。那时慈利县政府已名存实亡，社会秩序紊乱，群众如惊弓之鸟。这股土匪打开了一所军械库，抢了不少枪支弹药，又裹胁了一些小股土匪，沿途有不少贫民迫于生计也纷纷加入土匪行列，浩浩荡荡号称十万之众。持枪械的土匪走在队伍前面，背着竹篓子的所谓"背子客"跟在后面，牛马驴骡混杂其间，抢来的细软财物就由这些"背子客"运回匪窟。

瞿匪由慈利的溪口镇直驱慈利县城，一路如入无人之境。慈利为一山区小县，县城建在大山之间。城内只有一条县正街，居民大约有一万多人。据守县城的仅有常备队和警备队，面临土匪压境，他们早已逃之夭夭，仅留下老弱残兵看守衙门。一些富商大户也都闻风逃匿，县城几乎成了一座空城。瞿匪涌进城内，人喊马嘶，闹得乌烟瘴气，大街小巷一片恐怖。

当时县长张少夫为慈利人，曾任醴陵县长，颇有名气。国事危难之际，他自告奋勇调任慈利县

长，声称："为乡梓造福，以彰政绩。"不料事与愿违，到任不久即逢土匪入境。县府本身兵力单薄，各乡镇兵丁一时又难调集，只好撤离县城，躲进山中以避寇锋。张县长正犯愁时，一位曾在县府任职的士绅献计说："当前局势混乱，土匪压境，无计可施。本县杜心五先生在江湖享有名望，本领高强，素怀正义，曾掌全国青红帮双龙头，何不请杜出来解围?"张县长欣闻此计，喜形于色.当即修下一书，并备了一封门生帖子，选派一名说客，备了快马，连夜送往杜心五居住的江垭镇。

江垭镇离县城约百里之遥。杜阅过来信，见来人苦苦哀求，恻隐之心油然而起，为父老乡亲的安全应义不容辞，于是迅急提笔修书：

百阶司令麾下：

贵军到县未遑迎接，甚歉。

张县长为官清正，亦我门下。此次贵军降临，接待如有不周之处，恳请赐予原谅。我徒亦即司令之徒，一切多赐关照为祷。并请

军安　　香弟　　杜心五

不料仅此一纸之书，瞿军竟于次日退出县城十里之外，瞿给杜写回信云：

心五香长：

百阶一介武夫，待罪行间数十年，所以厕身山野以待时局清平。奉手示，遵即撤军十里之外，特复以慰锦注云。

愚弟　　瞿百阶

谭嗣同何以名复生

谭绪缵

戊戌政变，谭嗣同被捕，英勇就义。康有为亡命日本闻其丧，撰联挽之曰："复生，不复生矣；有为，安有为哉。"复生为谭嗣同之字，嗣同何以字复生？据云，谭生十余龄患病，已死，以胸微温，故未入殓。旋苏，因以复生为字。初性钝。自苏后乃绝异，其后行事学力非常人可比，遂成一代伟人云。

左宗棠赴宴写嘲诗

王 册

曾国藩、左宗棠相与之间的趣话颇多，咸丰年间，左宗棠有次应曾的邀请赴宴，即席赋了一首诗："华堂今日盛筵开，不料诸公个个来。上菜打从头上过，提壶直向耳边筛。方愁臂短无长箸，更恨身肥占半台。门外又传嘉客到，主人只好一边陪。"

诗意幽默风趣，蕴含讽喻，这是怎么回事呢？原来清代一般官绅酬酢宴客，事前多不预洽约请对象，因届时总有些客人逊谢缺席，故主人常超额柬邀数人。曾身居要职，名震朝野，攀龙附凤者趋之若鹜，应邀的官绅品阶都在他之下，岂有逊谢之理。但曾仍遵循惯例超额柬邀，结果应邀者个个应召，陆续都到齐了。于是席上出现摩肩碰肘，连斟酒上菜都觉为难的局面。左公见此情状，一时兴来，便赋诗解颐，留下了这段趣话。

彭玉麟画梅

边仲仁

衡阳彭玉麟与曾国藩、左宗棠、胡林翼(均为湖南人) 并称为清末平定太平天国的主要首领。可是彭的文采风流,却于曾、左、胡之外,别饶一格。彭不但能诗而兼擅画,且画的素材必为孤高绝俗的梅花。身没之后,湘潭王湘绮挽之,有"长增画苑梅花价"之句,古今画梅者多矣,而画苑声价,何以唯彭独增?

予尝以此访之比较熟悉名人掌故的湘中前辈,皆语焉不详。建国前,偶从先叔曾祖边维翰手稿《四乡琐谈》中发现一则彭的画梅轶事,略谓:有梅姑者,韶龄寡居,雄于赀,设典肆长沙。彭以诸生困极受聘为典守, 久之梅渐识彭丰才啬遇,颇有终身再许之愿。会其时,洪、杨义军起,曾国藩以礼部侍郎丁忧在籍,奉诏办团练筹饷,彭征得梅同意,倾赀纾难,彭用是受曾知起家。后彭随曾转战鄂、皖各省,军书旁午,旧情因而中断,梅竟郁郁死。彭故精绘事,于是专画梅以寄其绵绵无尽之遗憾, 并镌有 "汉书乃下酒物,梅花是知心人"印章,每画梅必钤此印,其寓意自见。

后读彭的《诗集》有《咏梅》二首:"十年征战

走天涯，莽莽乾坤何处家。底事戈船消夜永，高烧红烛咏梅花。”“一枝消息江南寄，寄语梅花仔细开。地冷天寒须耐守，好留清艳待春回。”寄语梅花，深情密谊，几于呼之欲出，结合先维翰公《琐谈》所述，益信彭之画梅，良非偶然。

先维翰公早岁以名孝廉游左宗棠部高连升幕，与彭颇有文字往还。《四乡琐谈》有关彭的记述，绝非齐东野语。惜是书已毁于文革期间，无从复检矣。

胡林翼幼年轶事

我的高祖父胡林翼公，是清代后期湘军著名首领之一，在家乡益阳县泉交河小河桥一带，流传着他的不少逸事遗闻。

林翼公自幼颖慧异常，六岁时，由其祖父胡乡贤公授以《论语》，教之识字读书。他领悟能力很强，记忆力也极好，几乎过目成诵。

林翼公八岁那年，随侍乡贤公益阳县志馆。其时，安化陶文毅公澍以给事中观察川东，取道益阳，馆于岐市。有一天中午，乡贤公正在含饴弄孙，忽然门人通报，陶大人前来拜见。陶公与林翼公父云阁公交谊甚笃，故前来访谒乡贤公。其时天气酷热，林翼公正打着赤膊，一听陶公来访，乡贤公一时不知所措，因为孙子赤膊见客是很不礼貌的，整理衣冠已来不及了，于是急中生智，连忙将大书柜打开，将孙子藏在里面，自己整整衣冠，匆匆迎客。

乡贤公与陶公谈笑甚洽，竟忘了藏孙一事。待到将陶公送走，回到房中，这才猛然记起。他深怕将孙子闷坏，于是连忙打开书柜，一看，林翼公还踽踽其中，莞尔而笑。乡贤公惊问道："柜中可闷人么？"林翼公道："柜中虽然闷人，不过您既然要我藏着不做声，我也就强忍下来了。"乡贤公一听，高兴地点头笑了起来。

不几日，陶公前来向乡贤公辞行，其时，林翼公正在习字，衣冠当然是整洁的，因此也就用不着避客。陶公见他生得蕴含英气，字也写得不错，问及诗书，竟然应对不讹，因而心中甚是欢喜。他问乡贤公："上次拜谒，何以不见令孙？"乡贤公就将上次书柜藏孙之事奉告。陶公一听，惊为伟器，赞叹道："忍耐乃天下最难之事，令孙小小年纪，即能如此忍耐，将来长大，必成大器。"遂以贺夫人所生之女静娟字之。静娟其时五岁，为陶公第七女，娴静聪慧，最为陶公所钟爱，旋行问名礼。陶公对此事极为高兴，常告戚友曰："吾今得一快婿矣！"

赵尔巽长批倡新政

文　斌 遗稿　郑剑飞 整理

清末,赵尔巽抚湘,对新政设施颇注意。当时醴陵有十几个开明绅士拟设立树艺公司,呈文由某知事逐级上呈抚署立案。赵氏阅看呈文后,非常高兴。旋又有郴州士绅若干人呈请封禁该州的苏仙岭以维持苏仙庵的香火。赵接阅呈文,大发雷霆,随即亲拟一长批申斥。这批转发到醴陵树艺公司,我有亲戚任公司董事,将批抄了一张,给我作国文诵读,我现在尚记忆清楚。批云:“时局日急,民穷财尽,推源其故,皆由愚民信神祇而荒实业,乐怪诞而坠迷途,九州皆然,荆楚尤甚。泥堪舆之说,而阻挠矿政;争坟山之利,而互结讼仇。寺观庵庙之虚渺,近神赛会之耗费,种种缪妄,殆难枚举。处忧患交迫,智力竞争之日,不讲求实业,不开拓利源,守此野蛮主义,求自立于世界,吾恐九州虽宽,终无立足之地。顷阅醴陵诸生禀请创立公司开辟地利,力求进步,披阅之余,方深欣慰。即阅此呈,乃复有以封禁苏仙岭为请,人之度量相越,奚啻天渊。本部院素不知风水为何事,龙脉为何物,苏仙为何神仙,有灵何待尔等保之。更何待本部院保之。此等琐碎不经之事,胆敢来辕呈诉,姑念尔

等聋瞽已久，无足深责。何不取各新书新报读之，俾略知时势之危急。苟不急图振作，将有奴隶灭绝之惧。彼此颠连困苦，吾恐苏仙虽灵，不能为尔等保佑也。尔等自此以后，宜急返迷途，力图实际，迅将该州学堂及农林诸新政竭力举办，抑或改苏仙庵为学舍，辟苏仙岭以广树艺，则本部院当乐为尔等主持也。”

批文发出后，不仅醴陵人士对各项新政陆续兴办，即郴州昔日顽固士绅，亦因此醒悟矣。

忆胞兄唐才常

唐才质 遗稿　田　戈 整理

清光绪十二年(1886)，唐才常以县、府、道三试冠军入泮，俗谓之“小三元”，乡里传为佳话。

1898年秋，先生应谭公嗣同电召，将入都，行抵汉口，闻政变，谭公殉国，先生悲愤痛哭，以联语挽之云：“与我公别几许时，忽惊电飞来，忍不携二十年刎颈交，同赴泉台，漫赢将去楚孤臣，箫声呜咽；近至尊刚卅余日，被群阴构死，甘永抛四百兆为奴种，长埋地狱，只留得扶桑三杰，剑气摩空。”先生始闻难，欲至京师收葬谭公，继知义骸已南下，遂折回湖南。先生知非以革命手段推翻清朝专制政权，不能言政治改革，几度奔走香港、新加坡、日本各处联络侨胞，宣

传救国方策,筹措经费。

1899年12月,师中古自湘来沪,商议在湘组织机关以便与汉口相策应。先生以经费无着,乃谋至港筹款。狄葆贤欲为先生买二等船票,先生力阻之,云:“我辈个人用费,宜省得一文是一文,且既任此等事,身命尚所不恤,正宜以吃苦自励,不可图舒服也。”于是乃购三等船票三张。时三等船舱已满,只得藉尾近舵之货舱角落以安身。值风浪大作,师中古平生未尝坐海轮,呕吐不堪,三人皆三日未进食也。抵港后,在港华侨应者寥寥,再三设法,仅得二千港元。至明年庚子七月,新加坡邱菽园始汇二万元来。此时沪款已将罄,公乃亲携此款往汉。当时筹款之难如此,革命始事诸人艰苦坚忍之情况,不言可喻。

1900年7月,自立军起义于武汉,部署已定,而海外之款不至。不得已,一再展期。时长江沿途戒严,信使难通。秦力山在大通未得军报,以无应援而败,秦仅以身免。于是武汉风声日紧,张之洞派兵围搜武汉自立会各机关。先生闻耗,坚坐待之,时乡人李荣盛,随先生久,涕泣劝先生避难。先生曰:“吾早已誓为国死,汝行可也。”荣盛曰:“公舍生,荣盛敢辞其死!”亦留不去。有顷,兵至,遂被逮。先生在法庭,侃侃指斥西太后罪状,谓不仅是中国罪人,亦是清室罪人。吾志在救国,既不成,有死而已,遂不复言。同年7月28日夜二更,与林圭等二十余人,同就义于武昌滋阳湖。

张百熙之死

易元九

清光绪三十三年(1907),管学大臣张百熙六十寿庆,京师大学堂祝以联云:“长沙一星主寿,司徒五教在宽。”未几,以卒闻。复挽以联云:“有成德者,有达材者,有私淑艾者,先后属公门,咸欲铸金酬范蠡;可为痛哭,可为流涕,可为久太息,艰难值时事,不堪赋鹏吊长沙。”两联同读,于其死不无意外之感。作者以逝者拟之贾谊,非以寿比,非以爵比,其可比者,其为挽词中之“艰难值时事”乎!张氏于晚清,累官礼部、户部、邮传部尚书,官运亨通,可谓幸矣。《辛丑和约》签订后,疏请政府“改学制、理财政、变科举、设报馆”,及充管学大臣,主持京师大学堂,奏请张嘉亨为总监督,拜请吴汝纶为总教习,创办医学、译学、礼学、实学诸馆,派遣留学生出国深造,自请赴日考察……其于教育事业,百端肇兴,实多擘画,但为当时反对新政者所忌,而清廷亦以实行新政为幌子,企图欺骗群众,以缓和矛盾,抵制革命。某些顽固分子,便假教育工作中之缺点或失误,捏词上报。上亦不察,张氏受到“申斥”。张氏之处境, 盖有与贾谊之被谗出为长沙太傅前后相符者。

按清制规定，凡大臣有错误而性质非严重者，则予以申斥，由太监代为执行。此次执行者，据亡友益阳胡有猷告我，为干预国政、卖官鬻爵，取得慈禧信赖之太监总管李莲英云。亡友为胡林翼曾孙，博闻强记，其言可信。缘当年长沙王先谦，官国子监祭酒，许李重金，得任江苏学政。江浙为人材渊薮，学子登科者多，馈谢师恩者亦不少。及卸任，竟不履约，径返长沙，李为此极为愤怒。此时湘籍在京任职大臣，相继凋零，在职者仅管学大臣张百熙一人，李因而迁怒于张，趁此"申斥"之机，最后连斥其滚下去，一代大臣只得从大殿滚下。张氏于庚子时曾劾李鸿章阳战阴和，揭露礼亲王士铎营私结党，直声振天下，凛然可尊。今受小丑之辱，情何以堪，归家后，便吞金自尽。此事先君言之凿凿。张、我两家，仅一丘之隔，且为世交，能知其略。是张之死，为大不幸，而"四维不张"之慈禧政体，不四年亦随之而亡矣。

秋瑾在湖南

黎　雅

清光绪二十年(1894)，秋瑾十五岁时，其父秋信候任湖南常德府厘金局总办，她便随父到了常德。不久，秋信候调任湘乡县督销总办，秋瑾又到了湘乡县。后经该县士绅介绍,秋瑾嫁给湘潭王黻承之子王廷钧为妻。在光绪二十一年(1895)至二十八年(1902)这段时间,秋瑾住湘潭由义街王家所开当铺义源号,每日除舞剑、习单刀外,又专习巫家拳,武艺日益精进。

秋瑾仰慕古代行侠仗义的英雄人物。她儿子的保姆吴妈,有子在湘乡种田为生。一次因交不出租谷,被地主诬为私盐贩子,逮捕法办。秋瑾听吴妈讲述后, 立即赶赴湘乡向父亲说明事实真相。秋信候以事关本职工作,便撤销了这桩诬告案,使吴妈之子免遭冤狱。不久,她更冲破封建家庭的牢笼,远渡重洋,留学日本,立志献身革命事业,加入孙中山组织的同盟会。

清光绪三十二年(1906),秋瑾从日本留学回国, 返湘潭向阿翁王黻承筹措经费办《中国女报》。王初尚支吾其词,不想捐助,后经再三说服,才开了一张义源当铺四千银元的支票给她。第二年秋瑾再回湘潭探望子女,并对王廷钧说:“我已以身许国,今后再难聚首,君可另择佳偶,以为内助。”同年 7 月,秋瑾因徐锡麟刺杀恩铭案牵连,以身殉国。光绪三十四年(1908)春,王廷钧派人运秋瑾棺木回湘潭,葬于昭山。辛亥革命后,民国元年(1912)经湘、浙两省商定,于同年 5 月将秋瑾忠骨运回杭州, 安葬在秀丽的西子湖畔。灵柩由昭山启运的那天,送灵人群排成几里路的长队, 悼念这位为推翻清王朝以身殉国的巾帼英雄。

宾步程与孙中山

克　俭

宾步程，字敏陔，湖南东安县人。晚清就读两湖书院，为湖广总督张之洞所识，于光绪二十四年(1898)选派留德，在德国帝国工业大学攻习机械工程，十年后学成归国，以改良中国火车头而著名于时，人称为"火车头"。后任湖南高等工业学堂、湖南大学校长，培养了许多学有专长的人才。

宾步程在留德期间，系中国留德学生会会长。光绪三十一年(1905)，为推动革命的发展，中国留欧学生秘密邀请这时在美国从事革命活动的孙中山先生亲来欧洲，并派同学朱中和去比利时布鲁塞尔迎接。不几天，孙先生在朱中和陪同下到达柏林，当晚由宾步程秘密通知同学开会，孙先生慷慨宣讲推翻清朝封建帝制的道理，群情激动，当场主动加入革命组织同盟会的有宾步程、刘家佺、马德润、周泽春、王相楚、王发科等十余人，并举行了盟誓仪式。次日，宾步程、刘家佺、朱中和等陪孙先生游览了柏林名胜。三日后，孙先生启程赴巴黎。临行前，指定宾步程的公寓为同盟会驻德通讯总机关。宾步程为孙先生购了赴巴黎的车票，还通知在巴黎的友人到车站迎接。不料当孙先生因事外出时，王发科、王相楚乘机窃取孙先生皮包内在比利时、德国发展的同盟会会员名册，面交清政府驻德公使孙宝琦。尚幸此时的孙宝琦已接受资产阶级民主主义思想,未予上报朝廷,只将此名册寄给欧洲留学生监督阎海明处理。阎海明将名册逐人剪下邮给入盟的人,以示警告,宾步程才知入盟之事已泄露。孙先生则孤身陷在巴黎,无川资出走,只好飞函宾步程,请其速筹去新加坡的路费。宾步程接信后,与朱中和两人拿出私人储蓄和留德学生会会费接济孙先生，使孙先生得以解脱困境。此后,宾步程足足有两年节衣缩食才还清所动用的学生会会费。

黄兴爱吃长沙寒菌面

俞润泉

民国元勋黄兴的长子黄一欧先生，筑室于长沙市东区黄土塘。1946 年我家租住他的西庑三间,最为紧邻。每年枫树叶红时,我们两家都喜欢到菜市场去买“寒菌”——一种野生的松树菌。农历九月中旬到十月中旬,几乎每天都吃,炖肉吃，炖野鸭吃……而且还要买十多斤扣子大小的寒菌,按每斤菌子、六两上等茶油的比例炸成菌油,装两大瓷缸,以备吃到明年春天。黄一欧先生常对先父俞峻和先姊丈李佑卿说:“先君廑午公(黄兴字廑午)生平最爱吃寒菌,可说是我家传统。"根据吃寒菌这件事,他还考证出了中国近代史上一项有争议的重要日期——1904年华兴会组织长沙暴动失败,清廷追捕党魁,黄兴出走的具体日期。这个日期历史学家有三、四种不同说法。黄一欧回忆说:"确是清光绪三十年甲辰九月十六日,即公元1904年10月24日。那天是先君满三十岁生日,他亲自在厨房下菌面,款待三位进城祝寿的姑妈。我当时十二岁,在明德学堂小学部读书,住宿在家里。看到差役来捉他,我飞跑到明德学堂向龙先生报信。"后来黄兴终于逃脱,藏于西园龙家的复壁中。黄一欧还说:"先君在世时,每逢生日欢聚,常提甲辰年出走的事。"黄一欧先生不仅是黄兴的长子,而且与他都是忠实于革命的同志。1911年,广州黄花岗起义,十九岁的黄一欧在是役中与黄兴战斗在第一线。

蔡锷有贤母

曾光炎

蔡母不知何地人,亦不知何姓。两三岁时,岁饥逃荒,父女无法并存,乃筐载其女系于道树,为王姓所得,抚养成人,遂姓王。嫁邵阳蔡正陵,家贫,迁武冈(今洞口)州之山门,初居青山铺,次居大坝上,后迁山门镇。余世居洞口,知其家事颇详。

正陵初作裁缝,继作小贩,也曾教过私塾。蔡母在家,日则砍柴,磨豆腐,卖饭,夜则做针线,佐夫营生。所居之地,门当山道,仄径崎岖,行者甚艰,阴雨黑暗,尤为险恶。母常搓草绳作草鞋垫悬于门侧,过客泞滑不能行者,听自取之。又析杉木皮晒干,束为小把,夜置笼火杉束于门前,夜行者听取燃之以照路。其卖饭也,迟早多少听人便,钱有不足,短数文不争,身未带钱,赊欠亦可,还则收之,不还亦不问。有时饭少,辍儿女之食,悉以应客。有儒者过,必以礼接,命子出拜请教。如此者行久不懈,故远近皆称母贤。

正陵殁,母独持家,备尝辛苦,而志益励。及锷发迹,在广西、在云南、在北京,三次迎养。母躬亲家务,服浣濯之衣,屏鱼珍之味,勤劳俭朴,一如在家,拒绝达官贵人请谒。常语家人曰:"吾不乐居繁华地,金窝银窝,不如自己草窝。"故虽侍奉殷勤,皆居不久辄又思归。其在家,养牲,种蔬,夜绩不倦。而待人接物,更加和善,全无丝毫富贵习气。

其在北京,锷居官位显赫,偶不如教,竟欲杖之。袁世凯将称帝,深忌锷,母勖锷曰:"吾老矣,当携尔弟辈南归省墓,尔行尔志,毋吾虑也。"即行。锷起义云南,袁败,恚忿而死。母大喜曰:"吾固知虎儿之能有为也。"

锷殁,国葬。治丧委员会买宅长沙天鹅塘樟树园一号以安母,民国二十四年(1935)4月20日母殁,享寿七十八岁。讣告中外,备极哀荣。弥留时,湖南省政府主席何键造第候疾,启曰:“万有不测,安灵麓山,俾故将军得奉侍泉下,何如?”母曰:“吾欲还伴老公。生既久违,死不忍使老公独寂山门也。”治丧委员会乃奉灵还葬山门蔡正陵公墓侧。

蔡锷的青少年时代

唐希抃 遗稿　叶　浓 整理

蔡锷,别号松坡,湖南邵阳人,生于1882年,幼年家贫,全靠父亲做手工,母亲磨豆腐为生。自幼聪颖,勤奋好学,十四岁补县学生。县先进学者樊锥对松坡极为器重,视如己子,愿亲自教育,期成大器,并负担其生活费用,蔡亦奉之如父。1898年,樊带松坡到长沙,考取时务学堂,又见重于梁启超,得梁提携,去日本学陆军。

1904年,松坡先生从日本士官学校毕业,回湘省亲。次年春,任湖南武备学堂及附设兵目学堂教官。他愤恨清廷腐败,救国心切,革命情绪激昂,不久即被辞退。后去广西开办随营学堂。1906年冬,改任广西陆军小学总办。所有教职员除二人系抚署派充外,其余均由他物色,所聘教师均才学兼优,富有革命思想。翌年开学,由于教师热心教学,循循善诱,校风良好,学生进步很快,松坡先生很高兴。

松坡先生为人正直,办事认真,绝不徇私。我父知他家贫,不时送钱接济。1908 年,松坡先生邀我父去广西主办新法造货厂, 我父到职三月,即感染瘴气去世。我叔父唐巇与松坡先生为老同学,我经叔父同意,由湘赴桂,拟入广西陆军小学,因途中耽误,过了考期,请求附学。松坡先生不徇世交私情,以限于部章,不予通融。到第二期我才考入陆小。

松坡先生任广西陆小总办时, 处事精明干练,对学生着重灌输新思想,对事务性工作也毫不马虎。他亲自选择桂林名胜象鼻山右前方,漓江右岸为校址,亲自规划,督工兴建,仅数月即落成。美观适用,为当时桂林首屈一指的建筑。

他非常关心学生生活。常到厨房检查膳食,并要教职员与学生同在食堂用膳, 以密切师生联系。当时膳食和服装均由公家供给。他对经办服装人员,监督很严,所制服装质量很好。陆小学生身体健壮,精神饱满,服装整洁,纪律严肃,受到社会赞许。

为增进学生体质, 松坡先生亲自带领他们锻炼。他器械体操技术和游泳技术都很好,能作长距离游泳,可较长时间潜水,同学赞扬:“我们总办真文武双全! ”

松坡先生操守清廉。自 1905 年起,他在广西开办随营学堂、陆军小学、干部学堂、讲武堂,统率新军第一标学兵营，前后六年之久，动用公款，为数甚巨。他一丝不苟，平时自奉极俭，家里伙食每日只用几角钱。离桂林时，仅有书籍和被包各一担。

仇亮绝命诗

胡　达遗稿　工　农整理

仇亮，别号韫存，湖南湘阴县人，前清廪生，曾留学日本，毕业于陆军士官学校。在日本加入同盟会，继黄兴担任过同盟会湖南支部长，后任南京政府军衡司司长。南北议和后，政府北迁，袁世凯任临时政府大总统。1913年，宋教仁被暗杀，时仇亮主《民主报》笔政，申张正义，痛斥袁世凯。湖口讨袁事起，《民主报》被查封，亮逃往天津，暗地回湘阴家乡，后应北京政府陆军部次长之邀进京，为袁探侦知，被逮捕。迭次刑讯，亮均慷慨抗辩，不为稍屈，1915年7月20日被杀害。仇在狱中作绝命诗六章，现录其三首于次：

其　一

祖龙流毒两千年，百劫残灰死复燃。
碧血模糊男子气，黄袍娇宠独夫天。
那堪新莽充元首，定有荆轲任仔肩。
世不唐虞心不死，望中凄绝洞庭烟。

其　二

一别家山痛绝裾，壮怀几幸汉朱虚。
十年大梦羞屠狗，万卷残篇饱蠹鱼。
却恨诗书真误我，从知魑魅不欺余。
戈挥落日终难返，青史千秋自毁誉。

其　三

曾将宝鼎铸神奸，自笑生天本性顽。
热血尽堪膏野草，痴情偏欲学文山。
圜扉寂寞空回首，泉路交游不赧颜。
努力追随宋渔父，头颅同我索生还。

民主革命家刘揆一

叶　素

民主革命家刘揆一(1878—1950)，字霖生，湖南湘潭县人，曾留学日本，先后任华兴会副会长，同盟会代总理和北京政府工商总长等要职，1913年在天津创办《公民报》，揭露袁世凯称帝和卖国阴谋，在民主革命中颇多贡献。

刘一生革命，廉洁奉公，两袖清风。1918年回到湘潭，住城内刘道一烈士祠的旧平房内，与我家相距咫尺。抗日战争时期，刘老发表《救国方略之我见》一文，主张停止内战，共同抗日，实行孙中山先生三大政策。1944年湘潭沦陷，避居洪江。当时我从广西辗转到洪江，任教雄溪女子中学，离刘家很近。对当年在辛亥革命中叱咤风云、推翻清王朝的元勋，抱着仰慕的心情，常去拜访。那时，刘仅赁居一间不到十平方米的房子，室内陈设简陋，惟一装饰是墙上挂的他自己书写的条幅。刘老平易近人，谈吐中对蒋介石积极反共、消极抗日不满；对日本帝国主义侵华暴行，非常愤慨。

刘老不仅是民主革命家，而且是爱国诗人。早年曾和章太炎相互唱和。他以诗明志，不屑于无病呻吟。如他在《现代史诗》中写道：

誓不生还入玉门，国殇何处许招魂。
松为故垒留英气，柳替长城补裂痕。
会见杜鹃愁望帝，空教鹦鹉话开元。
三边多少遗民泪，洒向苍茫叩九阍。

刘老在诗文和言谈中都流露了爱国爱民的深情和抗日救亡的豪迈气节，激励人心，发人深省。他的书法苍劲，别具一格。我向他求赐墨宝，他欣然命笔，写了一张条幅给我，惜在战乱中散失。

刘老六十六岁生日时，我曾往祝贺。那天他兴致很高，唱了一段京剧，亲友们报以热烈掌声，他更乐了。抗日战争胜利后，他回到湘潭旧居，解放后被聘为湖南省军政委员会顾问。1950年去世，葬在湘潭城内刘道一烈士祠后院。

熊希龄智慧超群

亚 东

熊希龄，字秉三，凤凰县人，清同治九年(1870)六月二十五日生于县城内文星街一幢旧式平房中。他父亲熊兆祥，初在绿营当兵，后以军功提升为游击(官名)，时在沅州府(今芷江县)任职。

熊希龄于1913年任中华民国第一任内阁总理，社会知名人士梁启超、张謇、江大燮等入阁为总长，时人称为“第一流人才内阁”。

熊幼年极聪颖，过目成诵，且好学深思，敢于质疑问难，为同龄儿童所莫及。当他入私塾接受启蒙教育，诵读《百家姓》时，曾问何以把赵姓列在篇首，塾师瞠目不能答。七岁，随家人迁住他父亲住所芷江。

芷江为沅州府治，交通便利，人文较盛，熊在此继续入私塾就读，习《四书》、《五经》、《二十四史》等经典史籍，能绘画和作诗词。十五岁中秀才第一名，已声誉鹊起。

沅州知府朱其懿，颇有新思想，仿省垣“湘水校经堂”创办“沅水校经堂”于芷江，广聘博学之士任教，并购置新旧典籍、图书，以供学生阅读参考，使该校成为湘西的最高学府。熊希龄中秀才后，进入该校深造，用功甚勤，每考试辄列

榜首。一次教师出一联，让学生答对，上联为："栽数盆花，探春秋消息。"学生多不能对，熊年最小，但思维敏捷，素有抱负，稍思即对出下联："凿一池水，窥天地盈虚。"师生赞好，誉为奇才。后一陈姓举人，闻知此事，以为妄传不足信，须面试之。一日，与熊希龄在朱其懿府中相晤，陈举人拆熊字为上联："四只足行，有何能干?"熊知其戏己，遂当仁不让，针锋相对，即答以"一边耳朵，算什东西"，陈始折服。

熊希龄于二十一岁(1891)中举后返回芷江，地方官府及耆绅，为新科举人设宴洗尘，各举人于宴后即席挥毫作诗，多以梅、兰、竹、菊为题材。而熊则独树一帜，画了一幅棉花。花蕾相间，欣欣向荣，题曰："此君一出天下暖"。观者知其以人民生计为重，必能对国家有所贡献。熊二十四岁中六十三名进士。

熊希龄青少年轶事，故老多能回忆。滕凤藻(文卿)善诗、文、书法，熟悉地方掌故，较熊年龄稍小，1944年我执教于家乡时，向我述及，故记之。

琐记汉寿易氏与寒家世谊(上)

程千帆

先六叔祖名颂万，字子大，号鹿川田父，以世居岳麓湘川间也，又号十发，以十发为程也。

幼而歧嶷，及长，文名籍甚，光绪间，与湘乡曾广钧重伯、汉寿易顺鼎中实(一称实甫)齐名，称湖南三诗人。中实弟顺豫，字叔由(一称由甫)，亦擅时誉。

先叔祖与易氏兄弟相交尤密，诗酒唱酬，殆无虚日。尝与诸友好结湘社，篇什流布，倾动星沙。先叔祖撰为《湘社集》数卷梓行之，今犹传世。尝记其中有诸老和玉溪生《无题》诗多首，惊才绝艳，芬芳悱恻，几欲并肩原作。盖当时湖外诗流，多承王湘绮之风，尊唐而绌宋也。彼此唱酬之作，今存诸集中者至夥，独忆先叔祖有赠易氏兄弟二绝云："中实才名四海传，歌楼僧院酒家船。何当共汝匡山宅，卧看香炉瀑布悬"；"叔由才思那能羁？侧帽长街自唱诗。来向湘江洗愁发，五陵年少不相知。"盖尝有共隐匡阜之约，后中实卒构琴志楼于其地，虽居之不久即弃去，然此诗遂若预知他年斯楼之必成者，亦夙缘也。

先君穆庵先生幼从先叔祖学，先叔祖清末与顾印伯同在武昌两湖总督张之洞幕府。印伯名印愚，华阳人，湘绮主尊经书院时，与绵竹杨锐叔峤齐名，皆为院中高第弟子，湘绮尝合刊其诗，入《蜀秀集》矣。故先叔祖命先君师之。印伯诗书两绝，诗合玉溪、玉局为一手，故自署双玉堪；书则世人以为王梦楼非其匹也。岁癸丑，殁于北京。先君自鄂赴京，收其遗稿，后卒得刊行，世所传《成都顾先生诗集》是也。又其时有番禺沈福田砚农者，亦先君诗友，客死北京，家贫子幼，先君亦多方援之，终得归葬广州。先君以寒士旅食名都，无锱铢之产，其为师刊遗集，为友营归殡，盖好义之性禀之于天，事所当为，初不计其成败，百方筹措而卒抵于成。故名流长德交口赞誉。中实则作《程十七郎歌》以美之，略曰："包作挽联曾涤生，包运灵柩江岷樵。吾乡文正与忠烈，至今嘉话传京朝。……包作挽联意已好，包刻遗集似更好。包运灵柩意已少，包办后事似更少。……程子旧以顾为师，毅然刻顾之遗诗。……程子新以沈为友，慨然谋沈之身后……"又云："庞眉书客君昌谷，青眼高歌我少陵。"其自许与对先君之推重亦至矣。

先叔祖骈散文诗词皆工，而古文尤为当世推服，故中实赠诗尝有"他年志墓要君文"之句。中实谢世有年，先叔祖此诺迟迟未践，亦缘中实当世畸人才子，传其行事，匪易着笔；及晚岁居海上，乃克成之。起句即云："呜呼！实甫，当世之仁人也。"若高屋建瓴，通篇命意皆归笼罩，诚奇作也。文既成，刊诸《申报》之《自由谈》，世之能文者，自陈散原以下皆无间言也。

琐记汉寿易氏与寒家世谊(下)

程千帆

中实于学无所不窥，成稿约七十种，刊行者

不及其半，身后颇有零落。先叔祖将志其墓，则先与叔由共编其遗书目以俟访求，因慨然题诗四律。余旧能背讽之，今兹回忆，但记二、三、四首，而第二首之首联亦不复记省，今录如次，甚盼海内故知能补足之也。其二云："□□□□□□□，□□□□□□□，七十种书残劫剩，五千年笔万花嫣。心枯红豆春无国，泪触黄梅雨压天。苦语久要期志墓，此文须报况同怜。"其三云："伊人海上子由贫，共抱遗书理放纷。伎妾伶官知己赋，乞儿贵介誓灵文。得归匡俗终何补，忍痛湘累古未闻。如见活埋真面目，人间何用杜司勋。"其四云："兄弟交亲世所知，北南相望久分驰。四魂桂徼蛮夷长，五岁茶陵圣小儿。触地狂歌皆痛史，贪天大欲是离词。生民待结斯文局，任是无生孰了之。"此四诗于中实身世、两家交情皆括囊无遗，情深语挚，诵之诚令人回肠荡气也。

中实天才绝伦，诗词造境造辞均能于人视听思虑所不及处着想着手。尝见其为先祖子朴先生书扇，录所作咏携伎游湖小词，中有句云："怕鬓边茉莉吹香，惊得老龙难宿。"可谓想落天外。又先君曾乞人绘《岳云闻笛图》以悼印伯，中实为题诗，起云："疏钟百八声，邻笛两三弄。燕树碧无情，岳云寒不动。"亦无愧小谢"大江流日夜，客心悲未央"矣。

中实联语尤工。湘绮既返道山，诸公以此老经术文章，一时冠冕；出处语默，亦异恒流，哀挽之词,未敢率意。中实则援笔立成,其文云:“仲尼死为儒童菩萨”,“伯阳古之博大真人”。众咸以为切合,他作莫能出其右也。又尝戏集李、杜语为联云:“瑶台月下,琼玉山头,飞燕新妆,李吟亭北。”“崔九堂前,歧王宅里,落花时节,杜在江南。”先君乞先叔祖书之,文既工妙,书势夭矫称之,见者无不宝爱。近数十年,寒家屡遭兵燹,累世所藏文物,抗日战争去其泰半,文化大革命中,狂童又焚掠其余。残存乡贤书画数十件,前岁悉以捐赠岳麓书院,此联亦在其中。先叔祖尝为书院山长,吾家故物,存之名山,固其宜也。

易程交情既笃,又申之以婚姻。叔由之女归先叔祖之四子君谋。今著名影视演员程之,则先叔君谋之幼子, 而易氏之外孙也。中实子名家钺,字君左,余少时在汉口、南京常见之。其人敏捷聪慧,文不加点,不愧名父之子。早岁浪迹名场,常为达官记室,亦或从事新闻事业。近数十年,则在港台以教授自靖,久无音问,莫审存亡,而余亦年近八十,缅怀夙昔,盖有不胜死生契阔之感者矣。

阅报室的常年读者

周千里

毛泽东青年时,每日必读报纸,一日稍辍,

则如有所失。

民国初年，长沙市南门正街有一教堂，属挪威湘中信义会。该教堂现仍存在，地点在樊西巷口与道门口之间，现已改作他用。教堂礼拜堂之前为过厅，过厅左右各有一花厅。毛泽东就读一师时，花厅辟为阅报室，教会订报多种，陈列其间，向外界人士开放。一方面为社会服务，另一方面也可以起招徕作用。当时有不少非教徒来此阅报，因之教堂设执事一人专司其事，来者都需签名登记，以资统计人次。毛泽东因此间外埠报纸较多，环境幽静，几乎每日必至，签名为“毛润之”。前后历时数载，教会内部皆知有一位学生毛某最喜来此阅报。解放后方知其为毛泽东同志。

信义会梁家世老教师，解放时年逾八十，犹能记忆当时情景，尝为余详言其事。周世钊与毛泽东同学，为我中学时代国文教师；我曾以此事相询，答亦知其事。并谓毛泽东青年时代最关心时事政治，在一师有“时事通”之称。每年假期相邀返家，途中侃侃而谈者，莫非当时政局及各国形势，早有挽救中国改革社会之大志。

章太炎赋诗讽湘西五总司令

戴亚东

护法之役，湘西各部，东下常(常德)、澧(澧县)参加与北军作战。1918年因湘南政局迭变，先后撤回湘西。田应诏、张学济等部，仍驻沅陵。

为了避免孤立无援，田、张等部经与滇(云南)、黔(贵州)、川(四川)的靖国军总司令唐继尧联系，改编为湘西靖国联军，由唐任命田为第一军军长，张为第二军军长，胡瑛为第三军军长，谢重光为第四军军长，林德轩为第五军军长。五军中以田应诏的实力最为雄厚，约六七千人枪，余则数百至二三千人枪不等。时人称为五总司令。

田应诏，字凰丹，湖南凤凰人，喜画兰，青年时留学日本，初进振武学堂，后毕业于日本陆军士官学堂，在日本时，与孙中山、章太炎有交往，加入同盟会。辛亥革命时，率部攻占雨花台，遂光复南京。孙中山作临时大总统，以田战功昭著，提升为二十混成旅旅长。护法时，任湘西护法军第二路总司令。

章太炎时任广州护法军政府秘书长，奉孙中山之命，由滇、川、黔东归，途经沅陵，往晤田应诏。故旧相逢，田设盛宴为之洗尘。翌日晚，田偕张学济、胡瑛、谢重光、林德轩及参谋长陈渠珍等，前往拜谒章太炎，请求指教。章要田等忠诚拥戴孙中山，坚决护法，打倒军阀，统一全国，并勉以整军修政，与民生息，团结一致，不起内讧，为地方和人民谋幸福。章即席戏赋诗一首："闻道林(林德轩)张(张学济)谢(谢重光)，频年不解兵，低头看应诏，佛面见胡瑛。"因田应诏语时常低头，胡瑛面圆如弥勒佛，故云。

此事，系同乡陈渠珍闲谈时所述，未见章氏诗文集。

鲁涤平的迷信

胡兆元 遗稿

曾任国民党江西省主席的鲁涤平 (湖南宁乡人)，生平最忌讳"8"和八的倍数，因为湖南习俗，抬死人灵柩的，少则八人、多则十六、三十二、六十四人不等，都不离八的倍数。鲁认为"八"是最不吉利的数字，所以他无论个人旅行，或率队开拔以及婚嫁等事，总不定期八日，就是长途行军，每天出发时间，亦必在八时前或八时后，他所带的随从人数，都要避免八或八的倍数。他任湘军二军军长时(时未改编为国民革命军)，按编制应带随从十六人，他却从参谋长王捷俊随从名额内要来一人，宁愿私人出资另雇一人给王抵补其缺。还有一件可笑的事是我目击的。1923 年冬季，湘军奉令参加攻赣失败，士兵逃回湖南者颇多，奉命缩编为八个团，一个炮(工)兵督练处，取消军、师、旅部，合组一个湘军整理处，仍保留湘军总司令部名义。整理处上隶总司令部，下辖八团一处，谭延闿任总司令兼整理处总监，鲁涤平任副总监，我在整理处处部二科任科员。一天，有人介绍鲁买一匹骡子，高大雄伟，毛色亦好，鲁颇喜爱。正鉴赏间，一科科长洪汉杰在侧，对鲁曰："此骡甚好，只怕太高了，军长难得骑上去。"鲁觉得这话不大中听，含有不能升官的意味，立即叫骡主把骡牵去，不再谈生意了。

一钱难倒沈钧儒

虞逸夫

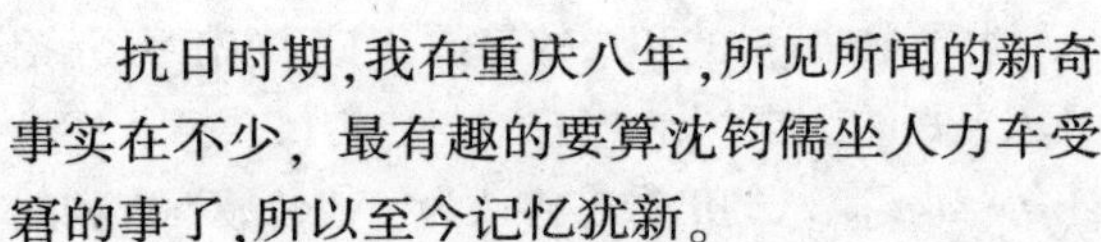

抗日时期，我在重庆八年，所见所闻的新奇事实在不少，最有趣的要算沈钧儒坐人力车受窘的事了，所以至今记忆犹新。

著名民主人士沈钧儒，当时在重庆任国民参政员。有一次他从上清寺坐人力车回张家花园。园在高坡之下，车只能停在坡上，沈老准备下车付力钱，谁知周身上下都摸遍，也没摸出一分钱来。就用商量的口气对车夫说："真对不起，身上没有带钱，请你稍等，待我回家取来。"

车夫听说没钱，火气就上来了，回答很干脆："看你倒像个读书识字人，怎么今天也玩起江湖来了,格老子不吃你这一套,想溜之大吉,没有门儿。"

沈老说:"你看我像那种不讲良心的坏人吗?""知人知面而不知心, 谁知你是什么人,安的又是什么心。手中没有钱,还摆什么阔,还坐什么车。叫别人白拖你走,你的良心又在哪里?"车夫答。

"请你稍等片刻也不行吗?"

"不行,真是饱汉不知饿汉饥,我是靠卖苦力养家的,每天都得等钱买米,等米下锅呀。请你莫再说等,等的滋味我已尝够了。有时遇上地痞恶棍,等钱不着反遭打,也是常事。还有些看上去很像个体面人物,就是坐车到点不付钱,跨进院门无踪影。等来的不是恶奴的喝赶,便是狼狗的狂吼。气破肚皮屈死人,又有谁来管,快拿钱来。"

"那就请你随我回家去取吧""你越说越离谱了,人能离车吗?我这辆破旧不堪的烂车子,在你的眼中算个屁,可它是我家的命根子呀!丢了车子,不等于断送了我一家子的性命吗?"

沈老此时真的有些着急了,便向车夫示意,想脱下长衫作抵, 车夫苦笑着说:"你这件洗退了色的旧衫子,能换得钱吗?你生得那么矮小,我又长得这么高大,我如穿上它,玩猴把戏就不用再打扮了,你不是存心想作弄我吗?"车夫一连串的问号,直逼得沈老张口结舌,再也想不出更好的脱身之计来了。

这时看热闹的人越围越多，不约而同的都倒向车夫一边，为之愤愤不平。讽言恶语，如万箭齐发，集中一点。正在沈老窘相毕露，走投无路的紧急关头，忽然来了救星。一位过客挤进人群，问明情由之后，掏钱打发了车夫，又近前安慰沈老说："莫怪，莫怪，不知不罪嘛。像这样的穷苦人，平时受尽欺凌，无处发泄。难得遇上你老，容他吐出了一肚子恶气，也是一件好事嘛。"沈老一时哭笑不得，连声答道："是我不对，是我不对，怎能怪他。"这件微不足道的小事，因为出自沈老，人们便觉特别稀奇，一时传遍山城。

唐生智收养义子

杨苏勤

1938年底，日军步步入侵，中国战时儿童救济协会武汉临时儿童教养院的300余名难童，从武汉迁至湖南东安县恭安乡火井头村避难。这些孩子是从各沦陷区逃出来的孤儿，大的十六岁，小的才十岁。

某天，东安县私立耀祥书院的山长顾畴，来到难童住所，对儿童教养院的负责人说："我受唐生智将军的委托，要从难童中挑选义子。"负责人听了十分高兴，便集合难童列队，听凭挑选，结果有十一人被选上。不几天，唐派人将这十一个孩子从火井头村接回家里，特聘请中国战时儿童救济协会东安儿童教养院的楚祥舞专门照顾这批义子。次年夏，唐在兴隆寺天王殿举行正式接收义子仪式，将11名义子，按年龄大小命名为：仁宏、仁寰、仁宁、仁宝、仁宽、仁安、仁宜、仁守、仁定、仁宣、仁宇，为便于义子长大后寻祖，一律保留他们原来的姓氏。

唐十分重视对这批义子的教育，衣食住行均亲自过问。开始这群孩子住在唐公馆内的二楼上，而楼梯仅尺许宽，很陡，又没有扶手。唐生智发现后，立即叫管家请来木工，亲自设计一架五尺宽有护栏的两截大楼梯，还在中间安上两扇门。他亲自监督施工，直至完工才回去休息。同年底，耀祥书院新修了教室与宿舍，唐将这批孩子搬进新宿舍，便于就近照看。唐每次外出回来，均把孩子们请来吃饭，话家常，叙天伦之乐。

这批义子先在耀祥书院求学，1943年秋书院改名为私立耀祥中学后，仍在该校念完高中。唐对这批孩子的学习要求很严。义子王仁守原只念过小学五年级，进耀祥中学后，被编进初中一年级上课，开始跟不上班，成绩差，唐知道后，要老师们耐心教育，其后，很快就跟上了，考试成绩名列前茅。这批孩子由于用功读书，加上唐的谆谆教导，所以，在新中国成立后，都参加了革命工作，有的还成为领导骨干。

湖南解放后，唐担任湖南省人民政府副省长、省政协副主席等职，而原先收养的十一名义子，亦分赴全国各地工作。尽管如此，唐与义子们的联系从未间断，一有机会，就会面团聚，父子见面，格外亲切。唐生智逝世后，他的义子仍很怀念他。

符保卢之死

向一学

符保卢是解放前我国体坛名将，1934 年，在第十届远东运动会上，曾获撑竿跳高亚军。1935 年，他创造了撑竿跳高 4 米 15 的全国新记录，这个记录一直保持了二十年之久。对其他体育项目他也很见长。在当时我国体育事业很不发达的情况下，他曾为祖国争得了难能可贵的荣誉。

抗日战争爆发，他和我一样，为了保卫祖国，毅然参军，我们同时考入国民党空军军官学校受训，而且编在一个班。那时他已二十六七岁，年龄算是比较大的。符是辽宁人，因母亲是白俄，所以外貌像外国人。他能讲英语，更精通俄语，性格豪爽，态度和蔼，我们相处得很好。他喜欢体操，经常练单杠、双杠、吊环，也练跳高。后来，他第一批赴美深造，我是第二批赴美学习的，彼此不在一起，回国时他先我后，所以一直不知他的下落。

1943 年 8 月，符保卢调来我们空军二十三中队,阔别多年,老友相逢,自有一番亲热。中队长张光润叫我放符的单飞，因为符飞的是P—39,而我们所接收的飞机是P—40,所以要放单飞。过去我们都飞得不错,因此对他比较放心。但符飞上去后,我发现他飞得不对劲,速度很慢。我叫他注意油门、转速,他回答都正确。但飞行速度一点没有改变,我就命令他降落。头一次下来,因过头了,我叫他重来。他大约有点慌,忘了收襟翼,所以降落时,将飞机摔坏了。他下来后气得要死,用拳头打自己的脑袋。我只好安慰他,中队长也未批评他,只是事后批评了我一顿。

机务室也很谅解他,又调了飞机来,让符继续飞,但这是很不容易的。中队长问符保卢要休息多久再飞,符回答说:“一天。”我问他前天问题出在什么地方,记不记得?有没有把握放单飞?他说有把握。我不放心,先飞了一趟给他看。他说知道了,于是他又飞上去了。这次飞得不错,我叫他多飞二十分钟。到降落时,第一次:over(超过停机线)! 第二次:又over。我发火了,叫他再来。他不收襟翼,我跳起来喊收,喊声还未停,他的飞机摔了下来,登时化成了一团熊熊火光。

这位曾为祖国带来荣誉的运动健儿，这位以身许国的抗日志士,就这样离开了我们。至今想来,我还记得他那豪爽、和蔼的面容神态。

书生县长

拙 叟

衡山县曹馥,1941年任湖南武冈县长,为政清简,极讲究文字,凡上行、平行、下行公文,每字每句,必斟酌悉当,然后画"行"。对属员呈稿,如国文教师之阅学生文卷,细加批改,佳者奖誉,劣者批评。有科员某,稿中连用九个"该"字,曹不悦,即批诗一首:

一个公文九个'该',一'该'该出祸事来;

该员从此该努力,不该'该'处莫'该该'!

也用九个"该"字,妙趣横生,一时传为佳话。

蓼滨乡乡长曾馥进谒,曹喜曰:"君姓曾,我姓曹,字形相近,我名馥,君也名馥,两人一字。馥者香气也,君为乡长,我为县长,愿同其馨。"言罢大笑。继又问曰:"君乡公文甚佳,君之笔乎?抑属员之笔乎?"对曰:"职之笔。"县长大喜,即于抽屉中取出公文数件示之。曾馥起立就观,每件公文中都有几处浓圈密点。谢曰:"职实无文,县长谬奖,深为惭愧!"

曹平日长衫布鞋,巡行县乡,只随一人。随带水烟袋,不吸香烟。到乡必访乡老,察问民情,最注意贫困户。喜娱山水,爱探古迹,在当时县长中别具一格。当时县府科长姜冠球,为余老友，谈及此事，皆为之赞叹。

蒋经国拜见马列学者

彭健华

王亚南、郭大力是中国有名的马克思主义经典著作翻译家和学者。1942 年我在赣州帮蒋经国办中华正气出版社时，得知郭大力住在赣州邻县南康家乡翻译马克思《剩余价值学说史》，我即去信约他撰写文稿，并去看望了他。此后郭即抽空写了几篇关于马克思价值论方面的短文，在我社主编的《时代中国》月刊上发表。王亚南也有经济学方面的著作，在中华正气出版社出版。蒋经国在苏联留学时对马克思主义理论亦有所了解，他阅读了郭、王二人的著作后，大加称赞，曾向我详细了解郭、王二人的情况。1943 年春天的一个下午，蒋经国突然约我一起乘汽车去看望郭大力。当时南康县长高清岳适在赣州，被约同往。路过郭所在乡的乡公所时，该乡乡长也一并被邀同往。从而，专员、县长、乡长三级地方官员和我一行数人，到了郭大力家。郭正在院内空地上汗流浃背地挖土，准备种植蔬菜。看到我们突然来临，大为惊讶，忙放下镢头，迎上前来。我即对他说："蒋专员特来拜望你。"也将县长高清岳作了介绍。郭大力的父亲

正在门前,他与乡长熟识,便引我们至他住室前的一间堆满柴草、满地鸡粪的房间。房内根本没桌椅,仅有三四条粗木板凳。郭大力的夫人系上海暨南大学毕业,那天未出面招待客人,郭慌忙去泡茶,经大家阻拦,只好坐下交谈,宾主间的气氛尚称融洽。当时王亚南由于中山大学迁往广东蕉岭,辞去了教职,托郭大力就近租得一间住房,安顿家眷。王因为经济系毕业生就业问题到过赣州,与蒋认识,那天王正好在家,于是蒋经国一行又同去看望了王亚南。蒋辞行时,郭、王二人定要我留住一宿。等蒋走后,二人问我,蒋突然来访是何用意?我说,蒋曾多次和我谈起,他很敬佩郭治学严谨,品德高洁,故特亲自前来造访,既显示他礼贤下士的风度,又表现他能兼容马克思主义的学术研究和宣传,有别于当时一般国民党当权者。1944年9月,中华正气出版社总编辑吴希之辞职去渝,我征得蒋经国同意,聘郭大力任出版社总编辑。可惜仅三个月,赣州就被日本帝国主义者侵占了。

记张默君

彭肇藩

张默君(昭汉),湘乡人,父张伯纯,清举人。默君先生幼随父母居南京,既承家教,复擅新学。辛亥革命，父女同佐程德全光复苏州，组织女子军，助攻南京，又创《大汉报》于上海，当时叱咤风云之人物也。

日寇陷南京后，先生返湘乡，居湘西乡花桥湾，与余家相距仅里许。余时任教于宁远，1942年寒假返家，以乡后辈礼晋谒之。先生蔼然其容，操乡音，煦煦如老妪，不作高论，并深信西汉谶纬家天人相应说，余以书生意气，深不谓然，而先生毫不介意也。数日后，来余家回步，并书赠一联："从来艺圃多丰岁，自辟书城作富家。"以余教数学，而数为六艺之一也。

花桥湾厅堂联为："玉尺量天下士；绛帐立法家言。"上联用上官婉儿事，切合先生为女界中考试委员之身份。下联谓先生早岁从事教育，后又任立法院委员也。头门联为："湖山养志，天地立心。"二联均其自拟。以有乖自谦之义，乃托为乡人谭日峰撰书。婉儿事武则天，身后受恶名，而先生乃以之自况。闻其论武氏，与郭沫若不谋而合，惜未聆其言。

闻乡父老言，默君先生幼字蒋作宾，蒋曾留学日本习军事，先生不喜武人，乃称抱独身主义，坚求毁婚约，父母不能强，以其妹宏楚易嫁，另一妹婚竺可桢。蒋曾任南京政府内政部长，竺为著名气象学家。先生年四十，始婚于邵元冲。邵原任教于神州女中，先生为校长。邵富文采，长演说，为先生之尊翁伯纯先生所器重，乃荐为孙中山先生之私人秘书。后邵任立法院副院长，

官出妻上，然其始则夫以妻贵也。

默君先生酷嗜古董，其所最珍爱之古物为二汉印，一镌“张良”、一镌“元狩”及“左将军”字样，恒佩诸身。曾出以示余，并询余有何人可资鉴定。余对以长沙徐绍周先生。1957年先生以所藏古物百件捐与台湾博物馆(见美国出版之英文本《中国名人录》)，不知其中有此二印否？抑身后以之为殉也。

著名作家张天翼为默君先生之同胞幼弟，姊弟信仰各殊，往来亦疏。抗战中，天翼同志曾任教于宁乡民国大学，闻乡人言，姊弟当时未一晤面。改天换地之际，父子兄弟各异其趣者多矣，梅花心事，古今同慨。

科举考生之苦乐

鲁　林

封建时代以八股文取士，有乡试、会试两级。乡试三年一次，即每个十二年的子、午、卯、酉年在各省省会举行。会试也是三年一次，春季在北京举行。乡试在旧历八月初八至十六日，历时九天，每三天为一场。考生入场后吃、住、作文都在里面，不准出考弄一步。

省考试场称贡院，考棚同蜜蜂窝一样密集，又称"号子"。每十个号子为一弄，一弄之间可以来往，但不能出弄。湖南省贡院在今长沙市中心处。考生来自全省各县，少爷公子占多数，也有贫苦的农家子弟。这八九天内，连做饭、烧水全都要自己动手。每间考棚长一丈，宽八尺，棚顶是树皮搭盖，天晴酷热，大雨要打伞。考生每人携带一种灯、炉两用的工具叫“五更鸡”，照明是它，煮饭、烧水也是它。由于考生都把注意力集中在作文应试上，也就不觉得太苦了。但农历八月上中旬天气还热，“五更鸡”用的燃料是桐油或茶油，烧的时候乌烟瘴气，加上饮水不卫生，患病者不少，也有病死的。贡院只有一张大门，八月初九封门，不准任何人出入，死了人只好把尸体吊住，猛力从北墙向外一摔，叫“打蛏蚌”。那八九天内基本上不能洗澡、洗脸，四千多人，白白胖胖地进去，乌焦巴弓地出来，每人要瘦几斤肉。因此那时有一民谣：“相公苦，背了考篮到省府。考棚号子又漏雨，夹生饭，和盐煮，摇头摆尾做八股。文章冇做成，肚子里敲锣鼓。”

也有在考棚中甚得其乐的，大都是一些才高学博的考生，胸有成竹，文思敏捷，一场考试三天，他们顶多一天到一天半就完成了，于是其余时间便在号子里弄吃、扯淡。相传光绪二年(1876)丙子科，临湘名士吴獬(凤荪)与曾国藩之孙曾重伯、名门公子魏候屏等同住一弄。他们平日哪里有机会这样畅叙欢情呢？他们携带的茶肴、原料都是较好的，但“五更鸡”的火太小，只宜煲粥、焖肉。有一天，吴獬在桌板下煲了一锅火腿金钩鸡松八宝粥。三个人聊天聊得高兴，曾重伯把脚一伸，一锅已煲了一个时辰、眼看就要进口的香粥，倾得钵底朝天，一干二净。三人又恼又笑，吴獬乃填《踏莎行》一阕以记其事：

篮重腰酸，人多屋小，今年又作同林鸟。
曾南吴北魏中央，谈天直到东方晓。
金铸缘空，纱笼福早，荆山自是知音少。
若言把握在人为，眼前稀饭全翻了。

当时这三人尚是绿鬓少年，吴獬名列这一科第一名，称为"解元"，曾、魏亦均高中，传为士林佳话。向恺然(即平江不肖生)先生为予讲述以上史实，尚能回忆。

话说诗牌

覃　衣

清光绪中叶，长沙一些告老回乡的显贵，以斗诗牌为乐。

诗牌是水磨竹胎小长方块，比麻将小三分之一。色洁白，每块上刻一字，一百块为一盒。盒中平声字、仄声字各一半，十盒为一副，共一千字，每次邀约八至十人，每人发一盒。牌主将百十个一尺多长的纸卷放进圆形帽筒中，与会者每人抽一个，这就是诗题。如"潇湘夜月"、"紫气东来"等等，其中也有刁钻古怪的，如"三寸圆趺"、"葡萄架下"之类，也有"无题"。抽了题目，就各人把诗牌排在桌上，从一百字中按所抽题

目拼出一首五言或七言律诗。各人拼成一首为“一川”。

长沙诗牌的主盟者为熊鹤村，经常参加的有郭嵩焘、王闿运、陈三立、王先谦等。他们的诗集中有些诗是在牌桌上斗出来的。斗诗必吃饭，熊鹤村家有美厨，又只有他家有一套精致的“诗牌”，不赌钱，也不出借。熊家住长沙市楠木厅，面积不大。客人来多了，就在院子里搭一“虚堂”。有一次，郭嵩焘在斗诗时，标题是“虚堂百尺”，郭从那副牌中拼凑了五十六字：“湖海元龙百尺楼，虚堂棋局酒浮瓯。老骥当风驴且避，春鹦学语鸟争投。年华转眼熟羊胛，有趣成诗煮虎头。闻说诗牌终日斗，吾衰乏力伴长讴。”

郭嵩焘也并非完全是谦虚，这种游戏确实难度较大。一百个字，平声同韵的至多不过六至八个字，比限韵难得多。据《郭嵩焘日记》载：“光绪十一年(1885)阴历正月二十四日，赴熊鹤村春酒之约，便道一拜谭子裕。鹤村本请斗诗牌，前两天来约，惧其多备海菜，戏书其请帖曰：‘笔下无诗斗不来，枉来相约斗诗牌，多防雅会翻成俗，海带蛏虷要尽裁。’是日，各受一盒诗牌，先拈题，鹤村得‘华林射马’，余拈得‘沧海钓鳌’题。所受字盒，仅七阳韵，有湘、相、凉、狂、塘五字，凡百字中无一与题相近者，为拼次一联云：‘鸟屿(仄声)盘盘上，嵌空万水凉。’诸人皆已登席，余不乐检寻，相与一笑而罢。”郭嵩焘才思敏捷，出口成章，不料这次竟打了败仗。

吴獬联赠吴佩孚

吴继则

1914年左右，北洋军阀吴佩孚驻军岳州，耳闻湘北名儒、我祖父吴獬(清光绪己丑年进士)在金鄂书院执教，特地带了两名勤务兵，骑着高头大马，前往书院拜访，意在附庸风雅，攀结家门，不料吃了闭门羹。吴獬以今日上课恕难会客为由，未予会见，吴佩孚只得怅然而去。

1917年，吴佩孚升任师长，再次经过岳州，二度前往书院求见吴獬。这次只带了一个秘书，并声明是专程向吴老师求教治军之策的。见面时，吴獬粗衣便帽，谈笑自若。吴佩孚则执礼甚恭，自称学生，临别，意犹未尽，恳求吴獬赠幅墨宝。吴獬略加思索，随笔写了“民国正需廉耻将，吾家曾出广平侯”一联相赠。广平侯系指东汉光武帝手下名将吴汉。此联乃劝勉吴佩孚要做一个有廉耻的武将，不要辱没吴氏先宗。吴佩孚得此联后，感动很深，一直挂在厅堂，奉为座右铭。据说他以后所标榜的“三不誓言”，即不崇洋人、不住租界、不去外洋，是受了此联的影响。

黎松安与齐白石

赖康宁

湘潭县白石铺乡，距县城九十里，群山环抱，水秀山青。在这偏僻的乡村，出了个世界文化名人、国际和平奖金获得者、杰出的人民艺术家齐白石。老人生前有王湘绮、胡沁园、黎松安、陈师曾、朱屺瞻、徐悲鸿等六位知己。前三人，都是湘潭人。而黎松安又是齐白石的同乡近邻。

黎松安是位书法家、诗人，晚清秀才。一生淡泊自守，不愿做官。早在清末即结识了齐白石。齐少年时代家贫失学，曾到黎家做雕花木器，画祖宗肖像。黎松安慧眼识人才，认为齐资质聪明，可资造就。黎家收藏历代书画艺术珍品颇多，任齐深入观摩。冬天，齐在黎家做木器。散工后，黎松安总是备热烧酒一壶，与齐对饮叙谈。黎爱吃鱼虾，而齐每夹一次虾，总要观察良久，才送入口中。平日，黎爱好篆刻，齐白石的篆刻天才也是他最早发现的。

齐白石更爱好诗文，由于黎松安的影响和引导，他苦心孤诣，精进不已。后来在黎家成立了罗山诗社，以诗会友，并公推齐为社长。罗山诗社的创立，对齐白石一生的艺术造就有较大作用。齐白石年逾九十高龄时，还时常回忆起当年与诗友集会赋诗的情景。他在给黎松安的信中写道:“安得化身为蜗牛,负其庐置于罗山之侧。”又说:“安得安闲形似旧,卧君书屋听溪声。”

1920年,齐白石五十七岁,定居北京,专业卖画治印。此行之前,齐送了黎一幅他的得意之作,画的是八大仙人之一铁拐李挖耳朵。黎松安赞叹不已,说:“铁拐李挖耳朵的神似,已经达到令人拍案叫绝的地步。”

1928年,松安老人赴京小居,又与白石老人常聚在一起。这时,白石老人在国内外已有名气。曾多次和松安老人谈到:“作画妙在似与不似之间。太似为媚俗,不似为欺世。”这一重要绘画理论,使齐白石成为一代独特的、不朽的艺术家。

胡适的一次讲演

叶　浓

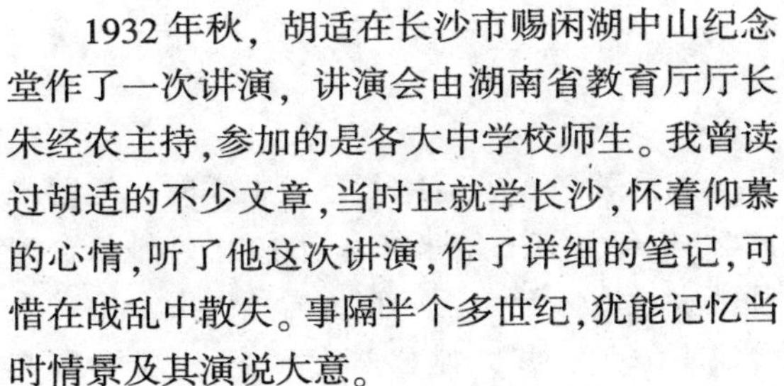

1932年秋,胡适在长沙市赐闲湖中山纪念堂作了一次讲演,讲演会由湖南省教育厅厅长朱经农主持,参加的是各大中学校师生。我曾读过胡适的不少文章,当时正就学长沙,怀着仰慕的心情,听了他这次讲演,作了详细的笔记,可惜在战乱中散失。事隔半个多世纪,犹能记忆当时情景及其演说大意。

那天讲演,胡适着酱色毛料长衫,随带一听

香烟,一支接着一支抽。他善于词令,语言清晰,分析问题精辟,深深地吸引了听众。会场秩序井然,鸦雀无声。这次,他讲了两个主要论点,一个是“知难行亦不易”。他说:“孙中山先生说‘知难行易’,我认为要求得知识是不容易的。即算有了某项知识,要实践获得成功也是不容易的,应该说:‘知难行亦不易’。”另一个是“物必先虫生而后腐也”。他说:“我国有句格言说‘物必先腐也而后虫生之’,这个说法是不科学的。生物的腐化,是因为有细菌的缘故,应该说‘物必先虫生而后腐也’。”当讲到猪肉的腐化是由于有细菌时,做手势恰指到朱经农坐的方向,顿时引起一阵笑声。

这次讲演,湖南省政府主席何键送了胡适一笔巨额程仪。第二天,有家小报发表消息,标题是:“博士头衔价五千。”

谢冰莹和她的日记

杨德琳

湘籍著名作家谢冰莹是我中学时代的同班同学,近年常有书信来往。自 1971 年她从台湾师范大学退休至今,一直侨居美国旧金山老人公寓“圣母大厦”。她已八十六岁,一生享誉文坛。小说、传记、散文、游记和儿童文学作品,出版达六十六本。其中尤以《从军日记》和《女兵自传》为人称道。《女兵自传》已被译成多国文字。

谢冰莹在文学上的成就，不能不归功于她长年累月写日记的习惯。她从十五岁起写日记，至今不曾有一日间断。她说，这是受她父亲的影响。她父亲常说："人做事就是要有恒心，有恒心为成功之本。"从少女时代开始，她就发誓："只要活一天，日记就写一天。"七十一年的人生经历记载，其中不乏具有历史价值的资料，有人劝她择编出版，有学术机构希望收藏，也有同乡好友答应为她保存整理，谢冰莹都一一婉拒。她说：日记中也有发牢骚的，也有骂人的，还有很多涉及私事，怎么好公开发表？

至于从日记中选择具有历史价值而又不涉及个人隐私的资料出版，一向坦率直言的谢冰莹说："那太麻烦了。"七十一年的日记，只缺了七八本，其中有被偷走的，有因战乱在逃亡途中遗失的。1990 年 12 月中旬，我收到她 11 月 17 日从美国的来信，信中写道："本月 20 日，我要回台湾看老朋友、同事，还要把我留在台湾的日记、作品、相片带回来……"。尽管她的身体日趋瘦弱，健康日益衰退，前年又遭遇丧失老伴的哀痛，她仍然下了决心：有生之年，还要再出版两本书，一是《冰莹杂文集》，一是《作家与作品》。她这次千里迢迢由美返台运日记等资料，就是为了带回旧金山去整理，以了却心愿。她在 1990 年 11 月 17 日的信中还嘱托我说："请常常来

信，希望我由台湾回来，就看到您的信，要知道，我是多么想念你们啊！”

沈从文的书法

戴亚东

沈从文，湖南凤凰县人，1910年前后家住县城内道门口，与我家相距甚近。沈、戴为世谊，他是我父执辈，因排行第二，故以二满称之(“满满”是凤凰土语，即“叔”的意思)。其祖父曾参加湘军，猛勇善战，以军功累至提督，为凤凰名宦，后家道中落。

从文幼年就学于宿儒聂某，读经、史，习诗、词、书法，用功甚勤。

他去北京之前，在家乡工作时，因小楷工整，负责专写报告上级的呈文，并兼管图书。因此，得以博览群籍，熟读历代名著，积累极丰富的知识。

世人仅知沈从文是中国著名的小说家，其作品多为描写湘西的风俗习惯、乡土人情，所以又被誉为乡土文学家。但他善书法和诗词，则鲜为人知。

他不善用钢笔，给我十数封信函中，俱以毛笔书行楷于白毛边纸上，常长达数页。又承赠我旧写条幅二，其一是他旧作游桂林华马岩诗：

“穆王西游忘归久，八骏散辔碧潭滨，千峰铁色如奔赴，谷中青鸟自呼名。”另一幅则为：“老树成废便作扇，山光晃晃摇人衣；西村有叟入城去，倩唤借书童子归。”在署款时，因病初愈，手抖笔颤，深情厚意，弥足珍贵。

他曾习写王羲之《兰亭序》、欧阳询《九成宫醴泉铭》等碑刻，融而化之，妍丽秀逸，潇洒腴润，字如其人，有独自的艺术风格。

雁城识田汉

龚业隆

1939年金秋季节，田汉率剧团到衡阳市演出《江汉渔歌》等节目，时我任《正中日报》副刊编辑，以“叶浓”笔名每天写四五百字的杂文，刊登在《随想随写》栏目里，针砭时弊，揭露黑幕，他看到后留下了印象。一天，忽然接到田汉的来信，说：剧团准备演出新排练的节目《铁公鸡》，并将节目的本事寄来，希望能在报上发表。我很高兴，认为可以为副刊增光。那时，他是军委会政治部第三厅艺术处处长，且又是剧作者，很有名气。我将《铁》剧本事放到抽屉里，准备第二天发稿。不料我离开编辑部不久，回来时再找不到这份稿件。于是执笔给田汉写了一封信，表示对他景仰之意，要求再寄一份《铁公鸡》本事，以便

刊登。很快接到他的复信。写了许多勉励的话，事隔半个多世纪，仅记得下面几句："你写的杂文，是为老百姓说话，这样的文章是值得提倡的，报纸是人民喉舌嘛!现在敌机天天轰炸，无心执笔，想先生必有同感焉。"这封信字迹秀丽，洋溢着奖掖后进的深情，令人深为感奋!

田汉创作的《江汉渔歌》是在成章中学礼堂演出的。一天晚上，我去拜访田汉，他正忙于指导演出，仍热情接待了我，问了我的工作情况。我看他太忙，不便再提索稿的要求，但心想多听听他的谈话，他似乎看出了我的心意，以诚恳的口吻对我说："稍后，我们约个时间谈谈话，好吗?"我求之不得，连忙应允。一天下午，我应约到田汉那里，他看到我，很高兴地说："我正在等你。"这天田汉穿着军装，配着金光闪闪的领章。我俩一道沿人行道向回雁峰走去。他身材高大，很健谈.从抗日战争谈到文艺创作、编辑工作。回到报社我追记了他的谈话，惜屡经战乱，手稿散失。

周小舟求画记

宁　富

周小舟 1931 年至 1934 年就读于北京师范大学中文系。他原名周怀求，与何善懋、何贻焜号称"三支笔"，在校内颇有名声。

周小舟与北师大进步教授黎锦熙是湘潭小同乡,交往甚密。星期天,他常是黎家座上客。一次,他在黎家遇到了画家齐白石。当时,齐白石旅居北平,以卖画治印为生,与黎同乡,常有来往。周小舟对齐白石很仰慕,想向其求画。但因齐作一幅画,润笔费至少银洋十元,周拿不出钱来,乃求助于黎锦熙。黎笑而不答,最后终于讲了:"怀求,你下星期天来我家吃中饭吧!"周心领神会,欣然同意。

星期天,黎锦熙邀请了齐白石来家便餐,并约了周小舟等三个湖南学生作陪。酒过三巡,黎举杯向齐白石敬酒,并说:"在座的是几个湖南穷学生,喜爱您的画,想求一幅,不知您愿赐否?"当时齐白石喝了湖南米酒,尝了湘潭腊肉,兴致很高,在半醉中不加思索地说:"行,拿纸笔来!"事先,黎已备好笔墨宣纸,齐大笔一挥,兴到笔随,不多时,即构成了三幅佳作,三人各得了一幅,好不高兴!

严怪愚为儿巧取名

高　文

湖南老报人严怪愚,自30年代初至40年代末,先后在《力报》、《中国晨报》、国新社、《实践晚报》主持笔政。严氏文风尖新泼辣,幽默风趣，时有惊人之笔。与之接谈，亦时有惊人之语。

严有三个儿子，命名曰严农、严斧、严报。初闻之，误以为“龙”、“虎”、“豹”，颇怪其俗；及至审视文字，方知为“农”、“斧”、“报”，而又怪其怪也。闻之于严氏老友老报人康德，谓“农”、“斧”、“报”三字隐含镰刀、斧头、书报之意，亦即农民、工人、知识分子之意，严氏盖以此表其心向劳动人民之情。一日，我与严氏晤谈，以康氏之言询其然否。时座有他人。严氏环视而笑曰：“替儿孙取名龙、虎、豹，历代有之。我是遵古法制，道地药材。别人取得，我也取得。以赠送红帽子为业者，在我这里找不到受主。”固已默认康氏之诠释矣。闻者亦会心而笑，不以为怪而服其巧。

黎锦晖在长沙

刘 乎

1937年“七七”芦沟桥事变后，晏阳初博士鉴于北方局势严峻，将他创办的“中华平民教育促进会”(简称“平教会”)由河北定县迁到长沙。

这时，著名儿童音乐家黎锦晖也从上海回湘潭老家探亲，路过长沙，为晏博士知悉。晏聘请黎留长沙编写农村小学新教材和儿童音乐教材。当时，淞沪形势紧张，黎锦晖也想暂留长沙，应允了晏的邀请。

黎锦晖在长沙期间，除编写“平教会”的小学音乐教材外，还谱写了《中华民族战歌十七首》。他的著名抗战歌曲《向前进攻》也是在长沙创作的。

当时，湖南省政府主席是何键。省府规定：各校均应尊孔尚孟，提倡读经。黎对此深表不满。一天，一位朋友请客，他多喝了几杯，半醉中蓄意借酒发作，他坐人力车回家时，经过中山东路，突然大骂何键不是东西，思想陈腐，政治腐败……。国民党的警察走上前来，见是一个醉汉，也就没有制止。黎仍大声叫骂，一直骂到他的住处北门外文昌阁六十八号。黎锦晖借酒愤世，曾传为佳话。

不久，何键调南京，张治中主湘。张重视“平教会”工作，拨原省立高级农业职业学校旧址作该会会址，设衡山实验县，派作家孙伏园为该县县长。并成立民众训练处，以高中以上学生为骨干，组织民众，发动民众，宣传抗战。在这段时间，湖南的抗日宣传工作搞得轰轰烈烈，有“平教会”的一分功劳，也有黎锦晖的一分功绩。

1938 年，黎锦晖随“平教会”撤到重庆，继续从事抗日宣传工作。

麓山诗社社址——刘庄

边仲仁

麓山诗社解放前为湖南著名诗社，文人荟萃，名噪一时。刘庄，为名诗人、已故老师浏阳刘腴深先生晚年所营建，亦麓山诗社社址。刘庄位于长沙河西岳麓山牌楼口侧，占高阜地十二亩许，楼房两层，共二十余间，前临天马，背倚飞凤，麓山湘水之胜，可以遥览而得。由庄前马路行走五百米，直达岳麓书院。绾城乡之区，挈风景之秀，红楼碧瓦，掩映于绿杨飘拂之中。

师于1936年由长沙城玉皇坪迁此。藏书十五万卷，终日丹黄或著述其间。北京溥心畬先生为绘《移居图》赠师；师亦自赋《麓山新居》七绝十首，有“添植木奴三百树，宅边随意补篱笆”之句，一时名流，传诵几遍。

抗日军兴，麓山惨遭敌机轰炸，湖南大学师生多罹不幸，而刘庄独能无恙。1943年长沙沦陷，师曾率眷避地长沙西乡云盖寺，丧爱子，戕丁孙，处境较之子美同谷所咏，殆又过之。1945年8月岛氛净后，师返刘庄故居，残破触目，经多方修整，始复旧观。是时师受湖南大学文学教授之聘，讲学之余，与杨遇夫、谭戒甫、曹典球、李肖聃、马宗霍、王啸苏等名流，组织麓山诗社，群推师为祭酒，并以刘庄境幽主雅，选为诗社社址，继湘绮、碧湖之后，领袖南国风骚。每逢文宴，飞觞拈韵，一祛劫后不景之气，而杨遇夫，曾运乾两教授极推重师，至欲购地结邻。冀获声气相求之雅。“何时得践诛茅约，杨柳分青荫两家”，即为遇老赠师佳句，以是刘庄之名，益为当世学者文人所乐称。

建国前，予曾两度诣刘庄谒师，承师导登前楼。时方秋序，凭栏极目，则见夫湘波远澄，帆影灭没，翔鸥三五，上下江干；右顾麓山高入云霄，松翠枫红，点缀天际。尘襟既涤，予竟穆然神为之远。退而呈师七律四章，如：“诗坫静添鸥影白，楚天寒沁岳容青”，“斜分曲径篱新绕，高护层楼柳倍娇”，“书拥百城人最乐，奴添三百橘频骄”云云，盖纪实也。

师于 1949 年 2 月中风逝世。今师遗著《天隐庐诗集》已由湖南大学出版社出版发行。收集三千余首名章。后之读师诗者，其过刘庄，必将兴仰止之思而生今昔之感矣。

魏猛克三画鲁迅像

张兰欣

1933 年，林语堂在上海办了个幽默杂志《论语》，风行一时。当时魏猛克正在上海美专就读，和《论语》并无文字往来。他十分崇敬鲁迅，也十分崇敬高尔基，一般人也喜欢称鲁迅为“中国的高尔基”。魏猛克画了一张鲁迅、高尔基并排站立的漫画，强调了高尔基的高个子，鲁迅显得比高尔基矮得多。这幅漫画被翻译家、湖南同乡李青崖先生看见了，李在漫画上题了“俨然”二字，拿给林语堂在《论语》十八期上发表了。题上了这样两个字，这幅漫画就成了对鲁迅先生的讽刺了，其实魏猛克完全没有这个意思，鲁迅先生当然知道，不但没有生气，反而对魏猛克说：“画得太胖也太高，我哪及得高尔基的一半呢？”

1936年鲁迅先生逝世，在日本东京办的《质文》杂志第二卷第二期出版了追悼鲁迅先生专栏，封面下方是魏猛克画的鲁迅先生遗容，在鲜花丛边有两只老鼠在悄悄地活动。魏猛克在“编辑室”中写道：“现在耗子们又要乘机溜出来了——鲁迅先生已经死掉。”这幅画构思新颖，尖锐地反击了当时有些反动报刊乘鲁迅逝世之机企图污蔑先生的卑劣行径。

1946年抗日战争胜利后，胡风主编的《希望》杂志由重庆迁上海出版，为纪念鲁迅逝世十周年，《希望》出了特辑，封面是魏猛克画的又一幅鲁迅先生像，画作横长方形，正中是鲁迅先生头像，右下角有一支点燃的香烟，烟头上吐出的烟环绕画像四周形成个方框，其中排列着常出现于鲁迅先生杂文里的各色人等，以夸张的讽刺手法画成，充分表达了鲁迅先生杂文的嫉恶如仇的辛辣风格，深得文学界美术界人士和广大读者的赞许。

杨邦杰不弃残妻

拙　叟

杨邦杰字湘屏,湖南省武冈县(今洞口)大水乡人,广州中山大学教授。1945年杨邦杰暑假回乡省亲,曾君佩文请宴,邀余作陪。余以为留洋博士,大学教授,必有一副架子。及见,蓝布长衫,青布单鞋,辞和色温,乡音无改,殆若一村学究耳。

先生娶唐氏,婚后即赴日本。唐氏产后患重病,经年未愈,终至身残,肩欹、鼻陷、足跛,极难为容。杨回国任中山大学教授后,唐氏曰:“躯残不能随侍君,请留家奉姑养,君宜择淑媛相偕。”太夫人亦曰然。先生不可,遂携唐氏至广州,多方治疗,补假鼻,制宽皮鞋,实絮其中以垫足。课余之暇,先生挽其臂,蹒跚公园中,徘徊游观,见者多窃笑之,先生欢如也。伉俪笃好,终老不衰。

竹管藏瑰宝

吴铭生

1954年6月间，我随文物考察队在长沙市南大十字路附近的左家公山基建工地，发掘了一座战国时代的中型楚墓。这墓保存完整，棺椁俱全，出土文物有精美的漆器、犀利的兵器，以及成套的天平砝码衡器等，其中最为珍贵的是一枝我国现存最早的毛笔。这枝毛笔的出土，不仅为我国的文化史增添了新的篇章，而且纠正了秦蒙恬造笔之始的记载。

这件稀世珍品的问世，有着一段鲜为人知的趣闻。当时，我们在现场清理随葬物时，发现一只竹筒，内盛有铁削、竹片、小竹筒和长圆形竹管。后来将这些随葬物交给蔡季襄先生保养。蔡原为长沙市的古董商，建国后安排在湖南省文物管理委员会工作。他对漆木器的保养有经验，做事细心。当他清理竹筒内的竹管时，见到竹管的两端有泥土填塞，就用清水漂洗，剔出泥土，这时，意外地发现管内有根小竹管，不知是何物。蔡用小镊子拨动，由于管内泥土未净，难以夹出。再将竹管浸泡水中清洗，用小镊子将小竹管谨慎地取出。瞬息之间，出现了奇迹，一枝距今二千余年的完整的兔毫毛笔脱管而出。毛笔的发现也使我们对放在一起的铁削、竹片、小竹筒的用途得以确认。这四件器物原是楚人的“文房四宝”，竹片是供书写的“简”；铁削是修整“简”的书刀；小圆筒是盛墨汁的容器；而竹管则是当时所用的笔套。

这次出土文物表明，毛笔早在战国时代即已面世，并非始自秦代蒙恬。现这枝兔毫毛笔存放在北京中国历史博物馆。

船山学社溯源

彭　昺遗稿　湘　波整理

船山学社位于长沙市中山东路，1921 年曾附设自修大学。毛泽东曾为该校学生及主办人，常偕何叔衡等在此公开或秘密从事革命活动，遗迹现均保存。惟学社创始及其前身，后人不悉其底蕴。

太平天国失败后，清廷规定，凡参加战役建殊勋者，身后例建专祠。曾国藩既系立功有份，又系本籍，敕建祠宇一所，规模特大，现今长沙市中山东路乐古道巷西、局关祠南一带地址，概属其范围。相传其地原系营产，多为居民矮小茅屋,拆迁费用,除额定公帑三千金外,由其部下致送丧葬奠仪,剩余项下,以盐商醵金补助。后来郭嵩焘氏复就专祠南偏,另辟讲舍,额曰思贤,岁收弟子二十余名,敦聘名师讲学,岁给膏火纹银若干。同时舍内另辟一室,立王船山先生木主,岁时祀奉。其祭文有:“于易礼尤极精求,视陈项更标新旨,允宜追配七十子,位两庑程邵之班,岂期历世二百年,阙本籍馨香之报”等语,是为本省祀船山之始。其间丁亥(1887)戊子(1888)二岁,湘潭王闿运一度摄山长职务,适庚寅(1890)长沙王先谦罢官归里,郭氏固以山长相让,王氏继任后,复就讲舍东偏,创立思贤书局,鹾务公所(盐务机构)岁支银币六百番,作为刻书之费。其出售书价,仍归讲舍公用。1909年前后所刻者不下百数十种,校刊精审,纸墨新鲜,极为艺林所珍重,思贤名称亦已夙定。辛卯(1891)王氏移长城南书院,比荐杨书霖孝廉自代。后来王氏又移长岳麓书院,其刻书事业,则仍一秉陈规,始终未变云。

迨辛亥(1911)光复,原有讲舍,多鞠为马厩,至岁甲寅(1914),老师浏阳刘蔚庐先生人熙,始就其地组织船山学会,征集社员讲演船山学说,阐扬其革命思想,并定农历九月朔(初一)为船山先生诞辰,隆重举行祀事,是后遂为定例。刘蔚庐先生被推首届总理(后改为社长),是为船山学社成立之始。民国五年(1916)刘蔚庐任湖南督军,赵启霖芷荪、黄昌年子舆先后继任,并曾刊

行船山学报八期。民国六年(1917)复就社内开办船山中学。首届校长为桂阳彭政枢蔌原,以社长兼任。民国七年(1918)彭氏去职,浏阳贝元瀓继之。明年贝氏卸职,邵阳石广权蕴山亦以社长兼任。至1921年,贺民范校长时停办。1923年,学社及自修大学同时被赵恒惕政府封闭。1925年,学社始行恢复。社务先后由石广权及湘潭周逸木厓主持。续刊学报达十五期。解放后交由文物保管委员会接收,旋致今日之规模。此船山学社自清季至今之沿革大略也。

曾国藩专祠房屋，则于1912年改建烈士祠，前坪树立焦达峰、陈作新正副都督铜像。1918年,曾祠恢复,烈士祠并铜像迁移北门外关岳祠。1919年,艺芳女校迁入,由曾国藩后裔葆荪、约农姊弟办理。自此社校并峙,不时发生争界胶葛。今学社原址已建长沙市实验中学。

黄兴与梁鼎芬的师生情谊

姚大慈 遗稿　微　雨 整理

1899年前后,黄兴在湖北两湖书院读书时,单名轸,与陈嘉会皆考试名列前茅,为院中高材生。梁鼎芬为书院老师,深器重之。时院中多知黄兴为主张革命者，鼎芬亦知之，未有任何表示。一日,黄兴与嘉会往候鼎芬,鼎芬曰:“黄轸,汝须不要忘记父母。”黄兴离座遽起，突至鼎芬前，鼎芬疑黄意将侮之，大惊而起，将避入内。黄兴向之长揖曰：“黄轸不单是记得父母，还记得父母之父母之父母。”意指几千年前祖宗也。鼎芬闻言，默然而入，黄兴亦迳出。越日，黄即请假离院他去。自后鼎芬仍时向嘉会问黄轸消息。辛亥革命之际，黄兴自武汉至沪，时孙中山先生尚未回国，参议会举黄为大元帅，驻节上海。有次黄兴问嘉会曰：“汝知节庵 (鼎芬字) 先生消息乎?”嘉会答曰：“还在上海，我将往省之。”黄兴曰：“今晚与汝同往。”至晚同往，黄兴命嘉会先入，鼎芬一见，即问黄轸现在何处?嘉会曰：“他正同来看先生，等候门外。”鼎芬遽起，肃黄入，相见甚欢，黄兴但叙闲情，问别后行止而已。黄兴见鼎芬居甚简陋，知其窘艰，归后，遣人致三千元，鼎芬却之。翌日，黄兴持银与嘉会同往，则居室已空，询之同居，云昨晚夜深搬去，不知所之。数日，上海报载鼎芬已到清德宗陵守陵矣。黄兴与梁鼎芬虽信仰不同，各有所执，但师生之谊却十分纯笃，此乃真正之师生情谊也。嘉会为予言之如此。

清末湖南的最高学府
——时务学堂

唐才质 遗稿　叶　浓 整理

时务学堂是清末湖南的最高学府，也是倡言革命者的策源地。1897年熊希龄筹议创办，蒋德钧、谭嗣同等尽力襄助。当时议聘教习，以梁启超为中文总教习，韩文举、叶觉迈为分教习；李维格为英文总教习，王史为分教习。1898年春夏之交，梁启超去沪，推荐欧榘甲、唐才常继任，课务相习不变。

1897年10月，梁启超、韩文举、叶觉迈来长沙，首招四十人，先行开课。1898年春，续招两个班，各数十人，合课外生并计，全堂师生二百余人。大家研究学术、政治，切磋学业，意气相投。梁、韩、叶诸先生教学有两面旗帜，一是陆王派的修养论；一是借公羊孟子发挥民权的政治论，予同学们启发不小。开学初期，受到社会赞许。后教学内容传出，引起社会很大反响。年假，诸生归省，出札记示亲友，传播了反对清政府的激烈言论，全省哗然。湖南学术界新旧两派争论极为激烈。梁启超离去后，学堂力求与时势相适应，日趋进步。唐才常素服膺王船山学说，发挥民主民权的真理,对学生启发更大。

1898年7月,湖南考选留日学生,时务学堂学生几全部投考,被取录七十余人。正整装待发,8月6日政变发生,被取学生星散,在校师生纷纷离校。是年冬,进行甄别,学生留校者寥寥无几。翌年改为求实学堂,"时务"二字成了历史名词。

我曾就读该校,1899年7月,与蔡锷、范源濂等三人去上海。梁启超从日本函召,吾兄唐才常资助东渡求学。

湖南平民教育的兴起

王祖岐 遗稿　郑剑飞 整理

自清光绪二十三年(1897)开办时务学堂以来,湖南教育界随着新学风气的转变,开辟了学术维新的道路。光绪二十八年(1902)以后,学校渐具规模。随后日见进步,设立了小学、中学、师范各级学校,继又设有实业学校及各中等、高等工业学校。各校所收学生,大半都是官僚地主及资本家的子弟,绝少工农和贫民子弟。直到光绪三十三年(1907),先儒王葵园(先谦)建议于提学使吴庆坻,将自己任学务公所议长每月薪资银二百两,存储到一千四百两后,备作开办简易小学堂之用。并呈文抚院,略云:"各省官立、民立学堂不一而足,而贫民小学弗及焉。虽有初等小学堂章程，顾以经费难筹，奉行卒鲜。务其大而遗其小，似犹未尽国民要义。今拟请设立简易初等小学堂，用少数经费，施切实之教法。先就省城试办，为之楷模。然后推及各属，使乡村僻壤，易于仿行。凡及岁儿童，皆令便宜就学。照章五年毕业，即已知书习算，文艺初通。其优者递升高等小学，次亦可安分谋生，不至游荡无归。如蒙允准，当联合同志，办理小学堂十数处，以为之倡。遵照公立小学章程，总期费少效多，大众闻风兴起，以渐达西人所称无人不读书识字之目的。是否有当，乞示遵行"等语。旋即得政府赞同。后又凑成经费二千多两，即于1908年春间，在长沙四城，开办十余处，校址租用四城祠宇及官署余屋，用单级教授，按初小课程，教以国文、算术、地理、常识等科，每堂收学生多至八十人。一两年后，有半数考入公立高等小学及工艺学堂，不能升学的，各就所长，分学手工艺业，虽说初步发轫，到后来培植成材的也不少。

长沙临时大学文学院教授阵容

刘重德

1937年芦沟桥事变后，北大、清华、南开三所大学迁来湖南，合并为国立长沙临时大学。文学院单独在衡山南岳山麓原圣经学校上课。这里环境优美,空气清新,龙潭在前,松林居后,令人颇有“世外桃源”之感。教师集三校之精英,十九位教授均为国内知名学者,其中燕卜孙系英国著名诗人兼批评家。诚可谓“群贤毕至”,有诗为证:

冯阑雅趣竟如何(冯友兰),
闻一由来未见多(闻一多),
性缓佩弦犹可急(朱自清字佩弦),
愿公超上莫蹉跎(叶公超)。

鼎沈雒水是耶非(沈有鼎),
秉璧犹能完璧归(郑秉璧),
养士三千江上浦(浦江清),
无忌何时破赵围(柳无忌)。

从容先着祖生鞭(容肇祖),
未达元希扫虏烟(吴达元),
晓梦醒来身在楚(孙晓梦),
皑岚依旧听鸣泉(罗皑岚)。

久旱苍生望岳霖(金岳霖),
谁能济世与寿民(刘寿民),
汉家重见王业治(杨业治),
堂前燕子亦卜孙(燕卜孙)。

卜得先甲与先庚(周先庚),
大家有喜报俊升(吴俊升),
功在朝廷光史册(罗廷光),

停云千古留大名（停云楼）。

我的老师柳无忌教授一向有写日记的习惯，因而这一首描绘当时临大文学院教授阵容的诗得以保存流传。柳先生说，除“久旱苍生望岳霖”一绝为冯友兰所作外，余全为容肇祖编写。末行“停云楼”系诗中十九位教授曾一度住过的宿舍。

革命志士的摇篮

何　镛 遗稿　工　农 整理

湖南衡阳省立第三师范是一所具有光荣革命传统的学校，学生多是来自湖南各州、县的农村子弟。1921 年 10 月学校秘密成立了中国共产党组织，师生加入党团者过半数。同时成立了劳工、农民、学生(青年)、妇女四个部，宣传反帝、反封建，掀起了科学的新文化高潮。学校组织了读书会，阅读《新青年》、《每周评论》、《湘江评论》、《改造》等书刊，每星期六收集各人心得笔记及问题，开会讨论，由思想进步的哲学兼国文教员何柏年主讲。毛泽东多次到校讲演马克思列宁主义，重点讲工农运动的策略，常与学生蒋先云、黄静原等来往于水口山和安源矿区，进行工人运动，传播马列主义，曾经组织多次罢工罢课游行。

当时在这所学校学习的，有黄克诚、伍云

甫、张际春、曾希圣、张经武、张平化、周礼、谷子元、袁醉庵、吴汉杰等,他们都是早期的共产党员,为人民革命事业建立了功勋,担任过党政军重要领导职务。

1927 年 “马日事变”(5 月 21 日诗韵代日为马日)后,学校一片白色恐怖,许多学生遇害。曾克家、萧觉先被惨杀于衡阳雁峰寺前坪,他们临刑前高呼:“我生来革命,原不怕牺牲,流血光荣死,身殉主义伸。”黄静原死于安源,雷晋乾死于祁阳,李卜成死于汉口,还有不少同学牺牲于衡山、零陵、韶关等地。后来校长易人,进步教师有的被迫害致死。对学生则极力限制其进步言行,每学期均有学生失踪,晚上临寝时点名人尚在,次晨即渺无踪影。

反动政府认为省立第三师范师生已被赤化,于 1928 年春勒令解散,更名为湖南省立第五中学,但学生仍继续发扬第三师范的革命传统,进行革命活动。

胡庶华带头游行

谭绪缵

胡庶华先生第三度出任湖南大学校长时,国民党统治区政治危机和经济危机正日趋严重,物价飞涨,金圆券已一文不值。1947 年 5 月间，长沙米价陡涨一倍以上，且有行无市。地处湘江西岸岳麓山下的湖南大学师生员工，面临着饥饿的严重威胁，继平、津和南京各地学生之后，湖大亦于5月20日开始罢课，成立“国立湖南大学反内战运动大会”，选出主席团，组成纠察队，定于5月22日举行大游行。国民党湖南省政府闻讯后，派教育厅长王凤喈，宪兵团长刘家康，警察局长李肖白等赶赴湖大，会同学校当局千方百计阻挠学生上街游行，提出“维持社会秩序新办法”相恐吓，表示对游行者有重惩不贷的决心。学生对此一概蔑视不理。“我们不能让内战消灭自己，我们要消灭内战，我们要反饥饿求生存。”这就是湖大学生作出的回答。

5月22日，当全校学生整队集合准备出发时，忽传所有停靠湘江两岸的船只，已被宪警扣留，禁止行人过江。学生获此信息，群情激愤，怒火填膺，立即派纠察队赴湘江沿岸寻觅船只，并向船工宣传游行意义，得到船工的同情与支持。有几个勇敢的学生，见到从湘潭驶来轮船一只，不顾浪涌流激，立刻跃入江中，泅水拦阻轮船。经宣传说明，轮船职工亦愿协助学生渡江入市。胡庶华校长见此情景，已知势难阻止游行，乃不惜以年迈之躯，和学生一道渡江，坐上人力包车，带头走在游行队伍的前面。行至南门口时，只见全副武装的宪警，已荷枪实弹，分做三层，正张牙舞爪，等待游行大队到来，进行迎击。学生见此情状，亦三人一排，手搭肩，臂靠臂，连成一体，勇敢前行，一时“反内战"、"反饥饿"的口号声响彻云霄。有的学生大喊:"同学们!冲过去!"眼看一场搏斗就要开始。值此紧要关头,出于保护学生安全的责任感,胡庶华校长立即下车向前与宪警军官交涉,提出保证,学生入市不扰乱秩序,不破坏设施。同时要求宪警保证学生安全,不得动用武力。几经周旋,最后宪警撤守让路,学生进入市区,从而避免了一场可能发生的流血事件。这天从游行到终止,胡庶华校长始终走在队伍前面,维护学生安全,体现了一个老教育家的为师美德,在人们记忆中留下了深刻印象。

皮名举教授的讲课艺术

家 作

皮名举先生是国内有名的历史学教授,他曾先后受聘清华大学、西南联大、国立蓝田师院、湖南大学等校任教,担任《世界史》课程的讲授,深受学生的欢迎和爱戴。皮教授出身名门,世承家学,学贯中西,知识宏博,对史事、史料的掌握尤为精熟。每次讲课,不带讲稿,不用教本,粉笔两支,茶盅一个,打铃进教室,将一个课时内应讲授的内容章节在黑板上书写后,即滔滔不绝地开始讲述,语言抑扬顿挫,流畅生动,说理尤为透彻,诱导有方,更具魅力。他善于捕捉听课者的心理,每至问题关键之处,估计难点所在,根据听课者的需求有的放矢,用简洁明确的语言,擘肌分理,进行释疑解惑。有若庖丁之解牛,“奏刀騞然,莫不中音”。我对皮教授讲课感触之至深者,莫若课堂讲授时间掌握之精确。1947年间,皮教授在湖南大学讲授《世界文化史》课程,我每次听课,只见他打铃入教室,从宣布讲授内容开始,直到章节讲解结束,一个小时的课堂教学,分秒不差,讲课停止,下课的铃声也就打响了。我从未见到过他提前或推延下课时间,也从未见到他在讲课时用过钟表计时,总是课堂讲授一气呵成,一小时的释疑解惑恰到好处就按时下课了。如此神妙的教学技巧,不禁使我产生好奇心,后经多方探询,原来皮教授当年留美学成回国后,受聘清华大学教授,时年二十有七,年龄既轻,名声不大,清华素为硕学名流集中讲学之所,皮教授为了能在清华园站稳脚跟,不被学生轻视,他下定决心,专志琢磨如何才能讲好一堂课。因此,在讲课之先,将应讲内容,所需时间,如何表述,如何运用史料,实施什么技巧,抓住哪些环节,作了周详精密的计划安排。并经常独自一人进行课堂讲授的模拟练习,不停摸索,不断总结,直期至善。经此不懈努力,果然,当皮教授初次登上清华讲堂时,“一鸣”而使坐春风者咸服,无不交口称誉,皮名举先生从此蜚声国内,成为有名的史学教授。

杨树达奖掖后进

我　如

杨树达是海内外知名学者，古文字学、历史考古学权威，生平著述等身，其治学之精博，人皆悉知，姑无论矣。其扶植青年，奖掖后进，则有不可不知者。

宁乡学子鲁实先、廖海廷两君，勤奋自学相励，专攻天文律历之学。鲁在抗日战争前后，曾撰《史记会注考证驳议》数万言，书以难日本泷川资言者。其书于律历事之诘难驳议尤多，且极精。稿成，鲁慕杨先生名久，求为序，并以《金乙未元历实朔考》一文为贽，请执弟子礼。杨先生得其书读其文，赞叹不已，以为"吾湘之未易才也。"先生谦己，以"历法无所解，不足以为鲁君师"为辞，然鲁则始终以"私淑生"称己。先生益器重之。

1942 年 7 月，复旦大学校长吴南轩电请先生赴重庆至该校任教，先生则以鲁实先代己，推荐任教授，时鲁年方二十有六。鲁至复旦，人以其年轻，常以"娃娃教授"之名呼之，又以杨先生所推荐，无敢轻视。后鲁治律历之学益精，并著《殷历谱纠谬》以难甲骨学专家董彦堂先生，俨然竟成一大家矣。

艾青执教新宁

帆　耶

现任中国作家协会副主席的著名诗人艾青，原名蒋海澄，浙江金华人，从1938年至1940年，他在湖南新宁县当过三年中学教员，当时我是他的学生。

1938年，抗日的烽火燃遍了祖国大地。全国文化界名流、学者、作家，一部分撤退到山水甲天下的桂林。这时，饱尝颠沛流离之苦的诗人艾青，已经到了生活无着的地步。经八路军桂林办事处推荐，到湘南偏僻的新宁县一所中级师范教书，这所学校是平民教育家晏阳初博士创办的。1938年长沙"文夕"大火，该校由衡阳迁至新宁县城一个祠堂里。艾青就是这个时候来到新宁的。他住在这所祠堂内一间约六平方米的破屋子里，房内只有一张木板床，一张摇摇欲坠的小书桌。晚上艾青就在这张桌子上，点燃煤油灯，备课，批改作业。另一张骨牌凳子，放上他的一口皮箱，生活非常清苦。

他教课时拒绝使用官方审定的国文教材，全部采用他自己编写的"活页文选"。把世界著名作家如高尔基、托尔斯泰等的名著和鲁迅、茅盾等进步作家的作品介绍给学生，宣传革命文

学，撒播革命种子，他讲课的语言，非常精炼，幽默，就像他写的诗一样优美动听，深受学生爱戴。课余时间，他经常沿着新宁的夫夷江写生。他的水彩画，色彩鲜艳、柔和，真实感强，而又富于时代感。同学们都十分欣赏。后来同学们才知道他留学法国是学西画的。

艾青在新宁培育了不少学生，有的成为作家、诗人和画家；有的在他进步思想影响下，奔向革命的摇篮——延安。这所学校，从建校起，就有中共地下组织，直接由八路军桂林办事处领导，后来又继续派进了一些地下党员作教师。与此同时，国民党也派进不少的特务。到了1940年，学校环境恶劣，艾青只好辞职去桂林，通过八路军桂林办事处奔赴延安了。

林本侨安贫乐教

杨至今

我从林本侨老师受业，始自1939年，在重庆沙坪坝中央大学师范学院教育系。当年正值抗日战争时期，在人力物力均极艰难的情况下，林老师和师母同住在一栋设备很简陋的宿舍内，仅有一间卧房，一日三餐都到公共食堂用膳，但是他俩对此处之泰然。

林老师讲授《师范教育》及《中等教育》两

科，当时无适合的教本，临时印讲义也很困难。他授课时只好用自备的讲稿，同学们必须边听边记，课后再往图书馆看参考书，并作笔记。他每逢讲完一个段落时，即收集同学们的笔记(包括听讲及看参考书笔记)，然后于暇时一一批阅。发还学生笔记时，再加以个别指点，大家受益不少。他有时课余还和同学们在一起闲话家常，各人在校生活情形，将来就业等问题，无所不谈。师生间有说有笑，亲如家人。

抗战胜利后，林老师应聘为台湾省立师范学院教授兼教育系主任。后来我也到了台湾。他初到台北时住在青田街一栋日式住宅，有人劝他申请登记为其私人所有，而他竟毫不犹豫地将那栋住宅的产权交由师院处理。

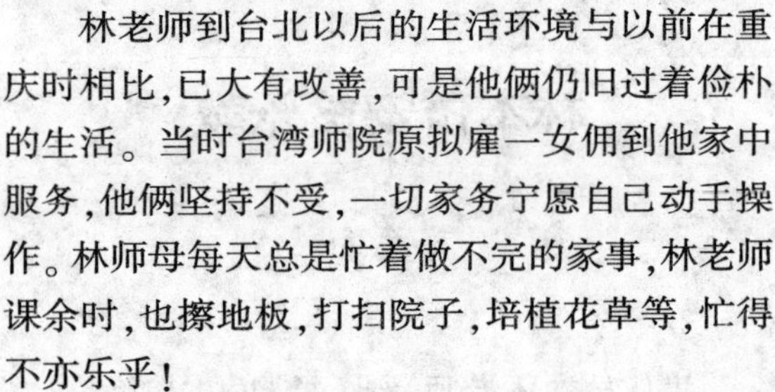

林老师到台北以后的生活环境与以前在重庆时相比，已大有改善，可是他俩仍旧过着俭朴的生活。当时台湾师院原拟雇一女佣到他家中服务，他俩坚持不受，一切家务宁愿自己动手操作。林师母每天总是忙着做不完的家事，林老师课余时，也擦地板，打扫院子，培植花草等，忙得不亦乐乎！

林老师七十寿辰时，曾作诗、联各一，实为他自己生平的写照。今就我记忆所及，谨录如次：

(一)七十自寿联：

从三级师范毕业；是各等学校教员。

(二)七十自寿诗：

人生七十古来稀，七十于今并不奇；

长此舌耕忘厌倦，蓬瀛久客盼归期。

黎丹对汉藏文化之贡献

王泽戎

黎丹先生号雨民，湖南湘潭县人，与谭延闿同为清末一榜翰林。后黎为甘肃西宁道道尹，结识西宁镇守使马骐。北伐后，谭延闿任南京国民政府行政院院长时，成立青海省，任马骐为青海省政府主席，黎丹为省政府秘书长。黎认为青海省境内，大部为藏族，且南邻西藏，不学习西藏语文，在行政上多所不便，因倡议组织藏文研究社，号召有志之士，学习藏语文，其中杰出者杨质夫先生，曾编著《藏汉小字典》一书。抗战初期北京师范大学西迁后，校长黎锦熙聘杨为藏语教授。杨之《藏汉小字典》为继章嘉国师(即内蒙章嘉呼图克图)编著《四体合璧文鉴》后之第二部藏汉翻译字典，系当时学习藏汉语文之有力工具。英人查理士·柏尔，为英国之西藏通，著有《英藏大字典》，当时中国人学习藏文，须先从汉文译英文，再借助于《英藏大字典》，译成藏文。似此转折，费时费力，言之痛心！《藏汉小字典》出，即减少此转折，实有利于汉藏语文之相互译述。此一重要贡献，黎丹先生之倡导，实为第一功。

黎丹先生后任监察院监察委员，为沟通汉藏文化，自请赴西藏，访得喜饶嘉错大师。大师在西藏为格希。格希者，藏语博士也。大师具爱国热情，在西藏各地多次佛教经典雄辩会上，博得声誉，名列第一，向为西藏活佛宗教界人士所敬佩。黎丹先生请大师离藏来内地讲学，先后任中央、武汉、北京等四大学教授。以沟通汉藏文化；并劝导西藏僧俗，倾心内向，热爱祖国。喜饶大师以前述之功勋，由国民党政府任命为蒙藏委员会委员，旋升副委员长，于国内民族团结，多所贡献。新中国成立后，任青海省人民政府副主席。凡此《藏汉小字典》之编著，喜饶大师来内地四大学讲学之敦请，与促进国内民族团结，皆黎丹先生倡导访贤，沟通汉藏文化之贡献。

钟伯谦教授被绑票

谭化雨

湖南大学矿冶系主任钟伯谦教授，1942年曾在南岳任湖南工专校长。1943年暑假他由南岳回耒阳老家桐油坳，行经我岳家门前，进屋小憩，看望表嫂(钟为我岳父表兄)，当时我住在岳家，岳母办酒饭招待。钟之长子立明，中华大学毕业，与我交往颇密，因患青光眼，双目失明。钟为此烦恼，只好让立明在老家主持改建旧宅事。

钟教授此次归来，拟在新屋度暑假。下午三时许，钟教授告别回家，抵家后子侄亲眷咸集，告知目前地方不安静，绑匪为患。钟说省政府所在地(当时省政府已由长沙迁耒阳)，天子脚下，谁有豹子胆?不以为意。

当晚半夜，钟正酣睡，为斧头劈门之声惊醒，院门被劈开，有人强入，大声呼叫：大家安睡，不要起来，不要开门，免得误会。匪徒破门而入，将钟的长子用布蒙面架走，行数里，其子央求说："绑我何用，我是瞎子。"群匪闻言后商议将其父带来。其子又央求道："绑我父，即无人筹款矣。"匪不从，舍其子于山，回头又将钟先生蒙住双眼，两人架着前行，天亮前到一荒村，关在一间楼房里，两人持枪监禁，索票价法币四万元。钟之弟迅即报请省政府教育厅设法援救。省府责令地方警局搜捕侦破，便衣警察曾予查缉，未曾破案。历时半月，方由工专教育经费内垫付四万元缴票，钟才得回家。当时耒阳为战时湖南省府所在地，军警林立，尚发生绑票之事；而且一堂堂教授却被随意绑票，可见匪患之严重，教育事业的无保障，达到何等程度!

周铁山与闻一多

周秉钧

周铁山先生名正权，湖南汨罗人。曾任长沙雅礼大学和武汉大学、华中大学教授，是湖南著名的学者。

先生在雅礼大学教书十多年，后来怎样到武汉大学去的呢？这件事与闻一多先生的重视人才有关。这是我的老师谭戒甫先生说的。

谭先生说："1928年，创建武汉大学，周鲠生先生担任筹备委员。他请杨遇夫先生介绍中文系的教师，杨先生推荐了铁山先生和我。铁山先生对古文字很有研究，我很钦佩。他写过一篇《散氏盘铭楚风楼释文》，发表在1923年出版的《学衡》杂志上。那篇文章解释前人的误释达二十多处，提出了一些新的见解，受到学术界的重视。杨先生对这篇文章也很赞赏，在向武汉大学推荐的时候，就附上了这篇文章。当时闻一多先生担任武大文学院的筹备工作，读了这篇论文，非常佩服。当即同意学校聘请，并定为文学院教授。就这样我和铁山先生同时来到了武大。"

谭先生接着说："闻先生和铁山先生从前并不认识，他们的遇合全凭那篇《散氏盘铭楚风楼释文》。一篇论文即定为武大教授，当时传为美谈,如果没有闻先生的识力,没有闻先生那样重视人才,学问再好,情况恐怕就不同了。”

谭先生这一席话,给我的印象十分深刻。前辈教育家这样重视真才实学和公正用人的故事,至今我记忆犹新。

长沙“土夫子”的由来

明　生

“土夫子”的称谓,系建国前长沙盗墓者的诨名。他们出身贫贱,经常到附近的山丘挖取黄泥,卖给市区的酒家或居民做渗煤用。做煤用的黄泥需要纯净的粘土(俗称糯米泥),一般的老土(俗称朱甲土)缺乏粘性不适用。而这种纯净的粘土以古墓墓坑内的回填土为最佳。最初由于偶然的机会,有人在山丘下坡的唐宋时期墓坑内挖黄泥,意外地挖到一些釉陶器或白瓷碗、碟等随葬物,就带回家中洗净作为用具,但不知道是哪个朝代的文物。

昔日,长沙有些走街串巷、收买古玩和玉器的小商贩,这些人对文物略有知识,看到“土夫子”家里的古陶瓷,就想收买。“土夫子”故意吹嘘说:“这是宝器,三伏天盛菜不会馊,我不卖。”小商贩说:“哪有这样的怪事,这些土里挖出来的东西是古代陪葬用的,卖给我,多出钱。”“土

夫子”听到多出钱就动了心，于是信口开价，双方在讨价还价之后就成交了。这时，“土夫子”尝到了甜头，心里盘算辛辛苦苦卖一天黄泥，只能换得几升米，挖到一只古瓷碗却能赚几块光洋，真是费力不赚钱，赚钱不费力。此后，他们便不以卖黄泥来谋生，而以盗掘古墓的文物为职业，这样就在长沙出现了一批“土夫子”，并且在东、南、北区形成了盗墓团伙。

由于“土夫子”经常盗掘古墓，对各个历史时期的墓葬封土和填土的特征，逐渐有了很强的识别能力，只要用锄头透过地表浮土取出样土来观察，就能鉴别是哪个时代的墓葬，然后挖成竖井式盗洞，从墓中取出一些珍贵文物，因此百挖百中，从不落空。他们所盗的文物无奇不有，除陶瓷器之外，还有铜器、玉器、琉璃器，以及漆木器等等。此时，不仅是收古玩珠宝的小商贩常来常往，而且一些有名的古董商如蔡季襄也成了“土夫子”的大主顾，生意越做越大，成交一次，少则光洋几十，多则上千。由于蔡季襄的大肆收买文物，更加助长了盗墓之风。一方面“土夫子”有利可图，到处盗掘古墓，另方面蔡氏就地低价收进，在上海高价卖给洋人发横财。两者互相勾结，狼狈为奸，致使建国前长沙的古墓遭受严重破坏，所丧失的珍贵文物也不知多少。其中一件国宝——战国帛书，就是“土夫子”在长沙市南区一座楚墓中所盗，为蔡季襄所得，后被原雅礼中学的美籍教师柯克斯所骗走，现流失在美国。

程砚秋赠联

杜修嗣

抗日战争前，我家住北京西单牌楼榆石胡同一个四合院内，客室里悬挂着京剧名演员程砚秋的一副对联：

纵谈及上下古今,每提命移时,辄望雪立;

所学穷九流三教,惜闻道太晚,徒仰山高。

此为 1934 年程拜先父杜心五为师时书赠。当时程已中年,身体发胖,他个子高大,要扮演旦角,一旦出台上了装,头上包着水纱绸子,两鬓贴了片子,腰扎板带,下穿垂地长裙,这样将一身捆得紧紧的，要在台上学女人轻快地走台步，实在吃力。虽说他以表演艺术及唱腔见长，而非以色相取悦于人，但仍要以轻快潇洒的动作，掩盖其身躯高大肥胖的缺陷。所以他投拜先父门下，学习自然门武功的步法，着实下了一番苦功。经过一段时间，他走起台步来果然轻快如风。程因此对先父非常敬重，从对联中可看出他们之间的情谊。

程为前清八旗贵族出身，后家道中落，幼时从名旦角荣蝶仙学艺。他天资聪敏，人品清秀，被罗瘿公所赏识，受其熏陶教导，不但艺术风格有提高，文化知识有进步，钻习书法也有成就。上面对联就是程的亲笔，作欧体书，正正方方，一笔不苟，颇有功力。

欧阳予倩与义演赈灾

沙　宁

欧阳予倩1889年出生于浏阳县城营盘巷的一个书香世家，祖父中鹄中举后在京任内阁中书，与同乡谭嗣同交厚，识时务，赞维新，有声誉；父在县亦有文名。欧阳予倩从小爱好戏剧，是个戏迷，喜看庙会演出，经常在家与弟妹化装公子、小姐，以床帏作舞台，仿剧中人演唱，从而对戏剧产生了浓厚兴趣。稍长随祖父进京，接触到京戏，进而由酷爱而萌发学戏的意愿。1902年东渡日本求学，在中学肄业后入早稻田大学攻习文科。1907年与同学李叔同、陆镜若等组织春柳社，在日本公演《茶花女》、《黑奴吁天录》等新剧。1910年回国后先后师从小喜禄、林绍琴、吴彩霞等名艺人学京戏，1912年底在上海上演《宇宙锋》，开始名噪舞台。乃祖中鹄闻讯，以伶工为下九流，认为有辱家声，手谕促即归。先生置之不顾，演出后始返浏阳，虽受到长辈严责，并不悔改。先生敢于和旧思想决裂，声言"一百颗炸弹的万钧之力，也扭回不了我的心"。随后离家去上海，1915年"下海"，成为京剧职业演员，在演出实践中不断进行革新创造，技艺精进，被广大观众誉为"南欧北梅"，与梅兰芳并驾齐名。以后成为我国著名的戏剧活动家、剧作家。

1912年秋，湖南久旱不雨，农田龟裂，灾民流离失所，其时，欧阳予倩正在汉口演出。长沙妙高峰中学校董贝允昕，与先生系至交乡谊，特邀请来长沙赈灾义演，先生欣然应允。1922年3月6日首场演出，达官贵妇、商贾士绅慕名购票，剧场爆满，盛况空前。压轴戏《天女散花》由先生主演，载舞载歌，声情俱妙，赢得满场喝彩。剧终时，"天女"将满篮鲜花散向台下，观众争拾，每束付银洋五元作救灾赈款。最后，尚留一束，为赈灾进行义卖，观众报价从五元、十元、十五元、增至七十元，由观众石希幼购得。此一义举，传为美谈，称颂桑梓。余籍贯浏阳，省里访晤先生亲属，录所闻轶事。

马连良练气功

杜修嗣

京剧须生马连良是回族人，自幼入富连成科班学戏。他面目清秀，天资聪敏，经过勤苦学习，在青年时代即以高亢的谭派唱腔，享有盛誉。

民国十九年(1930)，他因病忽然嗓音嘶哑，不能演唱，这给他本来贫寒的家庭生活，带来严重的威胁，虽然获得“筒子臬帖”的特殊资助(回族人中有一种互助的习俗，叫作“筒子臬帖”)，也还是不能缓解他的忧虑。那时先父杜心五正在北京，与京剧界人士交往频繁，得知马连良“倒了仓”(即嗓子坏了)，非常同情，因为这会影响他一生的演唱生涯。先父见到他焦急之状，劝他抛开烦恼，安心休养。当时马连良年事尚轻，体质不坏，只因病后失调，虚火上升，使喉咙嘶哑，发声困难。在当时医学尚不发达的情况下，先父介绍他练气功治疗，并派学生徐瑞芬悉心辅导。经过一段时间，马连良的嗓音渐渐恢复了。

嗓音虽恢复，但达不到原来高亢的程度，马连良乃将唱腔由高亢改为低回婉转，自成一派。1934年再次登台，竟轰动大江南北，红极一时。

中国第一个出国的歌舞团

刘　乎

“明月歌舞团”是民间团体，是我国第一个出国的歌舞团，出国时改名“中华歌舞团”，出访南洋各地。

怎么肯定它是第一个出国的歌舞团呢？团长黎锦晖生前翻阅很多资料，认为在中国没有比“中华歌舞团”更早出国的歌舞团。王人美在回忆录中也明确提到：“我问过许多歌舞界老前辈，都说黎锦晖领导的中华歌舞团是第一个出国的歌舞团。”剧团出发时，田汉、郑振铎前往送行，田汉对黎锦晖说：“南洋之行，这是史无前例的活动，希望你们为国争光。”

出国前，女团员们顾虑很多。有的不愿远离家乡；有的说：“南洋天热，瘴气多，蚊子有蜻蜓大，会受不了。”有的还听了谣言，说南洋有抢姑娘的国王。因此，愿去的人不多。

黎锦晖主意已定，困难再大，也要下南洋。正如他说的，要生存，就必须奋斗。

1928 年 4 月，经过艰苦的排练以后，正式出国。团长黎锦晖的女儿黎明晖兼任副团长。女演员有黎明晖、薛玲仙、刘小我、范小青、徐来、王人美、黎莉莉等二十多人，后来这些人多数成为电影明星。男演员有顾梦鹤、严折西、马陋芳、谭光友、罗靖华、王人艺等。加上剧团工作人员，共六十八人。

1928 年 5 月，全团人员从上海乘船到达香港，并决定在香港大舞台演出五天，每天两场。演出第一天夜晚，大幕徐徐升起，八个演员穿着国产白小纺长衣长裙上场，合唱《总理纪念歌》(当时孙中山先生逝世不久)。这时，观众自觉肃立。许多穿大礼服的英国士绅、官员，在观众影响下，也随之站起来，场内气氛肃穆，鸦雀无声。这在英国统治下的香港是破天荒的事。谢幕后，热情的香港同胞把演员们围住，翘起大拇指，夸团员为祖国争了光。

在港演出五天，场场爆满。港胞盛情挽留，又加演三天。剧团带去的《小小画家》、《可怜的秋香》、《蝴蝶姑娘》等二十多个节目和一批流行歌曲，深受港胞喜爱。

香港演出结束后，歌舞团又到吉隆坡、槟榔屿、暹罗(今泰国)、新加坡、雅加达、苏门答腊等地演出，时近一年，所经各地，均受到侨胞的热烈欢迎。

湘籍早期影星黎明晖

湘　戈

湘潭黎明晖，早在20年代即为全国观众所熟悉。她居上海时，有个“影迷”写信给她，信封上只写五个字：“上海小妹妹”(她在影片里扮演过小妹妹)，她居然收到了。当时，她不像一般女青年打扮，梳长辫，穿旗袍，而是短发，短裙，朴素大方。有“影迷”给她写信，信封上未写收信人姓名地址，只画个留短发的姑娘头像，这样的信，她也收到了，一时传为佳话。

黎明晖出生于湘潭县石潭坝乡菱角村，父亲是儿童音乐家黎锦晖。由于家庭影响，她幼年时期，便喜爱音乐、舞蹈。十二岁时，她父亲在上海国语专修学校任教，她在该校附小歌舞部主演了不少儿童歌舞剧，在《葡萄仙子》、《七姊妹游花园》等剧中饰主角。表演台风潇洒，嗓音悠扬，和着中乐器伴奏，令人耳目一新。在这期间，她还独唱了《木兰辞》、《人面桃花》等歌曲，由上海百代唱片公司灌成唱片，风行全国。

1924年，上海大中华百合影业公司聘她为特约演员，在该公司摄制的《战功》(无声电影)中饰妹妹，因而得到“小妹妹”的雅号。当时她才十五岁，由于表演天真活泼、纯朴自然，受到观众

好评。她的月薪由六十块银元猛增到六百元,并签订了长期拍片合同。

“大中华”和“百合”两公司合并为“大中华百合影业公司”后,她在该公司担任主角,先后主演了《小厂主》、《透明的上海》、《柳暗花明》等影片。1928 年,她随“中华歌舞团”出国演出,担任副团长兼演员。她能说上海话、普通话、广东话、湘潭话。在新加坡、印度尼西亚、泰国等地演出将近一年,受到海外侨胞的热烈欢迎。1933 年,她返回影坛,主演了《追求》、《女人》,与赵丹主演欧阳予倩编的《清明时节》,在《清》片中,她饰在封建势力压迫下的弱女春兰,揭露了封建社会的黑暗,赞颂了劳苦人民的淳朴和善良。

1934 年,黎明晖与中国篮球名将陆钟恩结婚。不久,脱离电影界,从事幼儿教育。

解放后,她的境况引起不少老观众的关注,记者纷纷来访。她走在大街上,有不少人围观。事隔半个世纪,人们还没有忘记她。她现住北京,安度晚年。

流行歌曲作家黎锦光

赖康宁

流行歌曲作家黎锦光,字履劭,1907 年 12 月出生于湖南湘潭县石潭坝乡菱角村。

黎锦光兄弟八人，他排行第七，曾用“李七牛”等笔名发表作品。四岁时，母亲授《三字经》，六岁进私塾。老师张慰如会吹笛子，他受其熏陶，自幼爱吹笛子、拉二胡。对家乡花鼓戏，更是着迷到如痴如醉的地步。当时国民党政府视花鼓戏为“淫戏”，不准演出，农民只好深夜开锣上演。黎瞒着家人去看，直到天明才回家。

40年代，他创作的流行歌曲很多，大部分受到欢迎。比较风行的有周璇演唱的《采槟榔》、姚莉演唱的《白兰香》等。

《采槟榔》流行中外，特别为湖南听众所喜爱。曲子是用湘潭花鼓戏改编的，创作时黎哼来哼去，十分满意，认为这曲子由周璇演唱最适当。但他对自己写的歌词不满意，便暂时收藏起来。

后来，上海梅花歌舞团的殷忆秋来看他，他把《采槟榔》从抽屉里翻出来，请殷为其修饰歌词。殷忆秋很有艺术修养，在他的生花妙笔下，歌词达到了黎所要求的意境。于是《采槟榔》成为黎锦光和殷忆秋合作的结晶，流行五十多年，经久不衰，也成了“金嗓子”周璇闻名中外的第一张唱片。现国内外电台、电视台还经常播放这首歌。

叶德辉和湘剧同春班

文忆萱

叶德辉极爱戏曲，曾刻《桧门观剧诗集》，收录叶三和桧门观剧诗九十首。所辑刻《双梅景闇丛书》，亦收有多种戏曲史料。光绪二十年(1894)左右，他与王益吾等集资创建湘剧春台班。叶、王是当时长沙有名官绅，颇有势力，资财雄厚，所建戏班是湘剧有史以来最大的。这个戏班以在长沙演出的湘剧太和班、太益班为基础，罗致其它各戏班名角，置备全新服饰，可称极一时之盛。王益吾曾把春台班比作王闿运的文章，能独步天下。光绪三十年(1904)，叶德辉等又在孚家巷建宜春园，作为春台班演出的剧院，这是湘剧进入剧场售票演出之始。不久，叶德辉又先后把湘剧清华、国庆、仁和、庆华四个戏班与春台班并成一班，改名同春。当时的同春班全班共三百多人，省内湘剧精英，绝大多数集中于班内。又按艺人演技水平分天、地、玄、黄四小班，天、地班在长沙城内演出；玄、黄班则去县城、村镇上演。戏价也各不相同，如庙台戏价，每台(半天，约三、四小时)天字班二十四串，地字班二十串，玄字班十六串，黄字班十二串。由于叶德辉等财大势雄，其它湘剧戏班不敢抗衡，他要招来的人，

有不愿来的，只能往江西搭班(当时江西境内湘剧戏班颇多)，同春班已成垄断之势。

辛亥革命之后，叶德辉退居幕后，仍操纵同春大事。不过，名角逐步离去，最后只剩下几十人，不能再分班演出了。直到 1927 年叶氏死后，同春班才彻底改组，成为艺人集体组织的戏班。

老郎庙与老郎庙会

文忆萱

老郎庙，是戏曲艺人祀奉祖师爷的庙宇，神像白面无须，着王者衣冠。至于祖师爷是谁，其说不一，多数说是唐明皇，湘西则称是二十八宿中的翼宿星君(乐神)，因而老郎庙又称翼宿宫。但艺人承前说，称为老郎菩萨。湖南很多地方都有老郎庙，最早的是清乾隆十六年(1751)建于长沙三王街的长沙老郎庙，其次是乾隆四十八年(1783)建于湘潭烟柳堤的湘潭老郎庙，其他各地建庙时间均在这两庙之后。

祀奉祖师爷的庙宇建立后，随之形成的就是行会组织。老郎庙设老郎庙会，推选首事、值年人员(每年轮流担任)掌管。例如长沙老郎庙会，凡长沙的戏班，科班都要到庙里请牌(班名)，缴纳一定款项。光绪年间，规定办新班要交请牌费六十千文，杂费一千文，挂牌于庙，才可开业。

开业后每月还要交月例。艺人每人也须交二千四百文入会费,方可在长沙城内搭班唱戏。外来作短期流动演出的戏班、艺人,也要到老郎庙敬神,交香资。梅兰芳第一次(1937)来长沙演出,曾向长沙老郎庙赠奉香资四十元。长沙老郎庙会的这些收入,除去庙中日常开支外,还在小林子冲置有公山、公屋,公山是已故会员埋骨之地;公屋供贫病孤寡无依的艺人居住,由庙会每月给一定的生活费。

庙会的另一重要职能是对外代表戏班处理与外界的纠葛,对内处理各班之间的纠纷或某班班内重大事项。庙会有比较完整的规章和惩处条例,违犯者视情节轻重,给予罚款或贴革条的处理。

会内还有红、黑二簿。红簿即会员名册,黑簿是已故会员名册。会员去世,即从红簿上除名,改登黑簿。老郎庙每年七月,都给黑簿上的已故会员烧包(封钱纸焚化)。长沙"文夕大火"(1938 年 11 月)时,管事人仓促抢救,只救出红簿二本,一本为男会员名册,一本为女会员名册。解放后存于长沙市戏剧工作室。50 年代初期,中国戏曲研究院认为这两本红簿是重要历史资料,照原簿复制一份携回北京。"文革"中,长沙市戏工室所藏原簿被毁,现仅存藏于中国艺术研究院资料馆的复制本。它记载了清光绪十八年(1892)到 1938 年四十六年中长沙湘剧戏班艺人的简况。

长沙市花鼓戏的兴起

黄曾甫

花鼓戏是一种民间喜见乐闻，而且历史悠久的地方小戏。清康熙时大兴刘献廷所著《广阳杂记》记载，作者在清初客游衡山时，即见民间于新春唱《采茶调》。不过，花鼓戏进入长沙市，正式设班演出，为时并不久。

旧社会视花鼓戏为“花鼓淫戏”。清末同治年间，长沙、浏阳县志中，均载有禁演之令。20年代末，我在长沙城亲戚家中，仅看过华实纱厂工人在春节来长沙巨室公馆里，深夜秘密演出的花鼓戏《三宝游春》、《送表妹》、《拷春桃》等折子戏。演员皆是业余工友，服装也很简单，旦角带个勒子，头盖毛巾而已。过去长沙人称花鼓戏为“躲躲落和”，大约即是不能公开演出之意。30年代，湖南省建设厅在今青少年宫广场办四省土特产交流会，场中搭了三个临时戏台，一个演京剧，一个演湘剧，一个约了浏阳乡下业余花鼓艺人来演花鼓戏。花鼓艺人刚到，舆论哗然，一夜之间，戏台被毁，只得告吹。抗战胜利以后，蒋寿世等人在今黄兴中路废墟中，开设可园商场，场中设红叶餐厅，东设银星影院，西设绿苹书场，成为当时长沙市新兴的惟一娱乐场所。绿苹书

场经理宾正眸，延聘西路(沅江县草尾)花鼓戏艺人来长演出，不敢公开称为花鼓剧，易名“楚剧”。由何冬保、张汉卿、姚悟卿、胡华松等人组成“牖民楚剧改进社”。几经周折，才能获得演出。据胡华松生前回忆，当时他们生活很苦，白天挑河水卖，吃烤红薯度日，晚上登台演出。

1946年，花鼓戏在长沙第一天登台的头炮戏是《秦雪梅教子成名》，从此得以延续上演。在绿苹书场演出半年之久，票价仅收茶资法币三角。1948年，何冬保等一度迁到中山西路民众戏院(即后来的红旗戏院)。演出未久，业务不振，又告歇业。几经周折，又迁到黄兴中路雪园后面露天场，演出了一个短时期。解放前夕，又迁到黄泥街双鸿里美琪剧院(即后来的市文化馆)。直到1949年8月初，敲锣打鼓，迎接解放，花鼓戏才真正获得了新生，逐渐成为中外驰名的湖南戏曲的一朵鲜花。

黔阳阳戏一瞥

田文进

阳戏是流行于湘西一带的地方小戏，大体上分为南路阳戏和北路阳戏两大流派。黔阳阳戏属南路阳戏的一支，因方言、习俗、演唱艺人技巧等差异，自成一格，虽经两百年风雨，仍保持迷人的艺术魅力。

早在清初，阳戏就跟傩戏(民间一种祭祀娱神的歌舞戏)在黔阳乡村同台演出，有“半台戏”之称。还愿的主家设坛后，白天可在屋外(地坪草台)演阳戏，夜间坛内(设堂屋)只准演傩戏。早期阳戏受傩戏、花灯(一种民间小调)、辰河戏的演唱艺术影响较深，一班艺人往往是阳戏、傩戏、花灯戏兼而行之，有“阳戏头、灯戏尾”的说法。

清朝中叶，阳戏走出“半台戏”的窠臼，历经“二小”(小旦、小丑)、“三小”(小旦、小丑、小生)，发展成为一种“多行当戏”的独特地方小戏种。清同治三年(1864)《酉阳直隶州总志》记载：“病愈还愿，谓之阳戏。多至十余人，生、旦、净、丑，袍帽冠服无所不具。男饰女，亦居然梨园弟子以色媚人者。”又《湖南地方戏曲史料》载：阳戏节目共约一百五十余种，黔阳有一百十三种。内容多反映农民家庭生活、劳动生活及男女爱情、神狐鬼怪之类，生活气息浓郁。演出场地不拘，草台、堂屋、祠堂，甚至几张桌子搭一矮台也可演唱，俗称“草台班”。流布于沅水上游两岸许多乡镇。阳戏艺人多系农民、巫师、小手工业者，原本无女人。到本世纪 30 年代，始有个别女艺人登台演出。名老艺人有陈沅、伍才毛、杨恩梅、蓝田玉等 20 余人，黔阳素有“阳戏窝子”之称。伍才毛(1893—1940)，黔阳岩垅乡人，十四岁学唱花灯，后参师陈沅，跟班学唱阳戏、傩戏，习小丑。伍嗓音浑厚，唱腔动听，尤善从慢到快的绕口

令，为黔阳、洪江、芷江、会同一带名丑。

清宣统二年（1910），黔阳官府视阳戏为淫戏，明令禁演。阳戏一度冷落，但禁而不止，民间仍有业余戏班在农闲时节演出。到解放前夕，尚有黔城黄细毛班、江市朱二毛班、岩垅姚汉臣班、沙湾黄桢元班等十余家。至今，黔阳城乡仍有阳戏上演。

《岳阳楼记》雕屏的公案

何培金

关心湖南文物的人们，几乎都认为岳阳楼上的《岳阳楼记》雕屏有真假之别。那黑底金字的，是清乾隆八年(1743)著名书法家张照所书真迹；那黑底绿字的，则是清道光年间(也有说是咸丰或同治年间)，一位贪官想窃走雕屏仿制而成的赝品。其说肇自70年代一篇经过整理的“民间传说”。自以这传说为题材的武打小说《巴陵大盗》、电视《巴陵窃贼》问世后，这传说就更富传奇色彩，而为人们所深信不疑了。其实，这是大有疑义的。近来收集《岳阳市志》编纂资料，有幸见到一则重要史料，这就是民国二十二年(1933)1月11日《大公报》所载段珩《〈岳阳楼记〉雕屏跋》：

> 民国二十年夏，余驻节岳州。每登斯楼，目击台楼倾圮不可久存。谋诸省府何芸樵公(何键别号)及岳府侯仲樵诸君子，募金修葺。尝闻张书范记原版，尚藏鹿角。几经查访，始由李委员蕙淞于翌年冬得之吴南屏世家，乃遣员资取之。计楠木版十二幅，玉润珠圆，笔势生动，几有文忧亦忧，文喜亦喜之概。视诸翻版，判若天渊。相传此书初出，见者争美，郡守聘良工镌藏府署，供拓帖需，复翻刻同副，施金漆，嵌楼下，以耀外观。后有某守，酷爱此版，挈之去。舟过洞庭，遭风沉没。渔人捞获十一幅，售于吴，珍藏之，且仿制首幅。清光绪中，两修斯楼，几不知尚有原版藏焉。乃置之二楼正殿，公诸同好，其翻版仍留楼下，诚大观也。……噫！人世沧桑，物归故主，幸矣！楼工将竣，余喜而志其颠末，以为鉴阅者告。越明年元旦后有五日，段珩谨跋并书。

段珩，为当时的岳州警备司令，1933年任重修岳阳楼委员会委员长。这跋清楚地表明，岳阳楼上的两块《岳阳楼记》雕屏，一为原版，一为翻版。都是清乾隆间的文物，翻版之出，是“见者争美”之故，非属清代末季盗者所为！

芙蓉楼里玉壶碑

艾　华

湖南黔阳县西南去六十里，为古黔城，梁到唐时称龙标。城西曲径通幽，萋萋芳草间有木楼翼然，名曰芙蓉，相传这里就是王昌龄当年临江送客，赋诗饯别辛渐的地方。王昌龄诗家夫子，所作七言绝句前人尊崇备至，后来因为一篇《梨花赋》得罪了唐明皇，由江宁丞贬谪来龙标为尉，过了几年淡泊静守的生活，也有了那首脍炙人口的七绝："寒雨连江夜入吴，平明送客楚山孤。洛阳亲友如相问，一片冰心在玉壶。"

楼为重檐，歇山顶格式，依林踞阜，古色苍苍，四旁则因地势高下曲折的不同，缭以长垣，固以石阑，宛然江南园林布局。在这个不大的园林中，名人题刻，佳构甚多，米襄阳《西山书院碑记》，颜鲁公《麻姑仙坛记》，碑廊中均有陈列，而最为奇特精妙，最能引人注目者，却是芙蓉楼前一座拙雅的小亭，和这个小亭内一块长方形镌有玉壶的石碑。

碑上的玉壶，看起来古朴匀称，线条粗犷，原来是个用意十分周密的篆合文字。其作者，乃清道光辛丑状元、江西布政使龙启瑞。启瑞的父亲龙光甸，道光年间出任黔阳县令。龙氏父子感于诗人才华及其遭际，十分景仰，于道光十九年(1839)重修芙蓉楼，增其旧制，启瑞遂巧运慧心，把《芙蓉楼送辛渐》诗“一片冰心在玉壶”之句篆如壶式，由其父龙光甸请当时著名石匠、宝庆人陈玉生镌刻于石碑上，并置亭保护。后人以此碑出自名人诗，状元书，巧匠镌，誉为黔城“三绝碑”，争相拓印。芙蓉楼中至今悬挂一联：“楼上赋诗，石壁尚留名士迹；江头送客，冰壶如见故人心。”碑与楼对，互相辉映，珠联璧合，往往令慕名来游者感慨万千，留连忘返。

玉皇洞与普光寺

蒋松卿

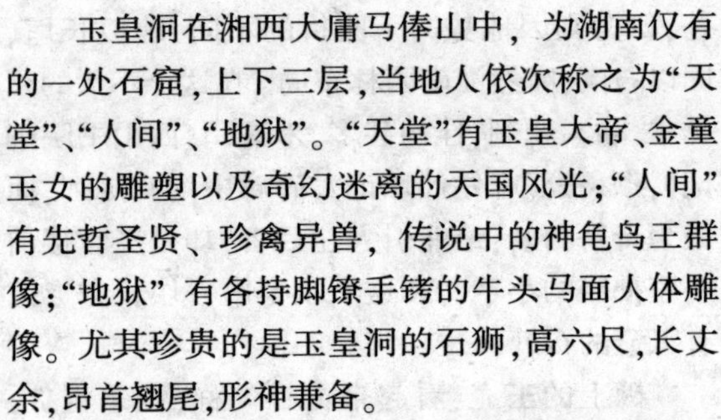

玉皇洞在湘西大庸马倴山中，为湖南仅有的一处石窟，上下三层，当地人依次称之为“天堂”、“人间”、“地狱”。“天堂”有玉皇大帝、金童玉女的雕塑以及奇幻迷离的天国风光；“人间”有先哲圣贤、珍禽异兽，传说中的神龟鸟王群像；“地狱” 有各持脚镣手铐的牛头马面人体雕像。尤其珍贵的是玉皇洞的石狮，高六尺，长丈余，昂首翘尾，形神兼备。

清嘉庆五年(1800)，家室殷富而颇有才学的李靖开，晚年主建玉皇洞并兼总设计。为修玉皇洞，他耗尽家藏，可说是“毁家修洞”了。

大庸市城东的普光寺，被誉为江南名刹，建于明永乐十一年(1413)，前门题“白羊古刹”。传说文敏和尚在建寺处看到一群白羊，羊群消失，掘地得多罐白银，因以建寺，故名“白羊古刹”。该寺为“佛道合观”。

普光寺大殿屋檐不宽，月光从门前透进，照映地上两块石碑，叫“月点灯”。大殿后边的罗汉殿地势高，水火两池的天井不大，清风吹来钻入正殿，拂扫得地面干干净净，叫“风扫地”。罗汉殿共有木雕罗汉五百零一尊，为何多了一尊？原来是增添了发现白羊的文敏和尚。罗汉殿的柱、梁都是弯的，“柱曲梁弯屋不斜”，又是普光寺的一大特色，显示出我国古代高超的建筑工艺。罗汉殿与观音殿之间有“龙眼井”，其左侧二百米外的城隍庙里也有一井，左井打水右井波涌，右井打水左井扬波，又称一绝。

解放后，普光寺菩萨尽毁。寺庙因系粮仓，“十年浩劫”中得以保存，亦不幸中之万幸。

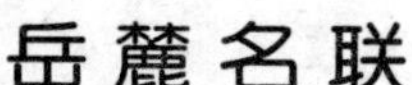

岳麓名联

喻　它

“西南云气来衡岳，日夜江声下洞庭”，是岳麓山云麓宫一副著名的对联。站在岳麓山巅，南望衡山(岳麓为衡山七十二峰之一)，挹逶迤之云气；西望潇湘，听北去之江声，确实使人产生一种胸襟开阔之感。1918年毛泽东受其老师易寅村先生之托，住岳麓书院之“半学斋”时，常登云麓宫，也很欣赏这副对联，但这对联的作者是谁？罕为人知。

这副对联是从黄道让《雪竹楼诗》中《游岳麓山》一首的颔联取用的，全诗如下：

万壑风来雨乍停，登高一览最松惺。
西南云气来衡岳，日夜江声下洞庭。
我发实从近年白，此山犹似昔时青。
读书老友今何在，古木秋深爱晚亭。

黄道让，字岐农，湖南安福县(今临澧)人，清咸丰十年(1860)进士，任工部主事。这是他晚年退职后回乡之作，少年时他曾在岳麓书院读书，老大登临，不胜依依之感。他这首诗写出后，传诵全城，很快地木刻了上述对联，悬挂于湘江中水陆洲之“望湘亭”(今废)。解放后，周世钊陪毛泽东游岳麓山，毛泽东还向周问过这一联语的来龙去脉。

问津桃花源

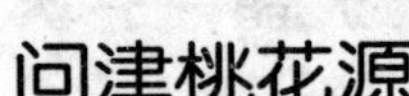

戴铁珊

桃花源位于湖南桃源县境内，因托《桃花源记》一文传誉千古。文以景出，景以文传，慕名而来的游客，或徜徉花溪，或追思菊圃，或观赏桃竹，或濯足清泉。览物抒怀，各得其乐。尤其是阳春三月，桃花竞开，游人如织，不绝于途。

桃花源处沅水左侧，山势陡峭，林壑幽静，一片雄伟壮观的建筑群隐没其中。整个布局仿《桃花源记》而设。入口处有一牌坊，额题“桃花源”，两边有石刻“红树青山，斜阳古道；桃花流水，福地洞天”对联。据《桃花源志》载：“桃花源始建于晋，初兴于唐，鼎盛于宋，损毁于元末，时兴时废于明、清及民国初年。”清以前，桃源洞住持皆非高僧，道光二十九年(1849)，桃源县令朱元增以古名胜地非高僧任住持不可。当时有释常林者，号绿溪，俗姓杨，好读书，但科场累试不售，于是弃家为僧。朱元增物色得之，常林遂卓锡桃花源，与士大夫吟诗唱和，使名胜更添光彩。

构于天尊崖上的桃花观，雄踞桃花山主峰，是桃花源的主体建筑，山门为砖砌牌坊，石刻“桃花观”额及“秦时明月，洞口桃花”对联。前厅为亭阁式，铁马悬于前檐两角，迎风摇曳，铃铃作响。正厅为硬山砖木结构，“古隐君子之堂”木匾悬于梁上。两侧各有罗汉松一株，如撑着的两把绿色华盖。厅内古香古色，历代文人题咏墨迹，或挂于壁上，或沿墙嵌刻。“卅六洞别有一天，渊明记，辋川行，太白序，昌黎歌，渔耶？樵耶？隐耶？仙耶？都是名山知己；五百年问今何世？鹿亡秦，蛇兴汉，鼎争魏，瓜分晋，颂者，讴者，悲者，泣者，未免桃花笑人。”这副厅柱上的长联高度概括了名人题咏名山和自秦至晋太元中的五百年历史。方竹亭是桃花源现存最古老的建筑，亭高六米，墙厚一米，上覆琉璃瓦，内为穹窿顶，即使轻声慢语，缓步徐行，厅内也发出嗡嗡的和鸣。亭周方竹修长而青翠，夜晚，驻足亭旁，看竹梢风动，月移花影，听钟声隐隐，溪涧淙淙，别有一番情趣。清人唐子木曾触景吟诗："方竹亭前万竿竹，夜来时听隔林钟。"

千年古刹开福寺

觉 愿

坐落在长沙市北门的开福寺，是一处具有千年悠久历史的幽静古刹。

五代时期，长沙是楚国的首都。楚王马殷于公元927年在长沙城新河附近修建了一座宫殿，名叫会春园，作为游宴场所。后来他将此园施舍给当时的僧人宝宁和尚作佛寺，这就是开福寺的前身。此寺经历了一千多年，寺名未改，但寺宇已经过多次废兴。到1922年时，在方丈宝生和尚主持下，重建了前殿和中殿。近几年，省市各级政府又拨款对前殿和中殿进行了全面修缮，现在已焕然一新，屋瓦金碧辉煌，佛像光彩夺目。我出家此寺，目睹沧桑，作了一联抒发心中的感慨："国威再振千年永，佛法重辉百世昌。"

在开福寺前面的马路边，有一座牌楼式的建筑物，佛家称之为“山门”，因为寺院多在山林之中，又因有三个门，故也称“三门”。即使有的寺院山门只一个门，也习惯地称为“三门”。“三门”象征三解脱门，即空门、无相门、无作门。

开福寺山门上有副对联是：“紫微栖凤；碧浪潜龙。”联语刻在石头上，是清嘉庆十一年(1806)韩葑写的。山门上的横额题有“古开福寺”四字，是江南福山镇总兵陈海鹏于光绪十七年(1891)书写并刻石的。原来寺后有座小山叫紫微山，山形如凤凰，现在推平建了房屋。寺后的湖叫碧浪湖，原先面积很大，现已填平作了工厂。龙与凤是人们崇仰的神物，借以形容开福寺是圣地，著名的碧湖诗社即设在寺内。

开福寺的房屋，年岁最古的是“紫微堂”，清朝年间重建，门窗格式古香古色，质朴典雅，为国内罕见。

开福寺中轴线上最后一栋是毗卢殿。此殿堂内墙壁上画有五百罗汉像，这些像各具特色，表情各异，神态逼真，呼之欲出，因而吸引很多游客仔细观赏，徘徊留连，不忍离去。这里以前的罗汉像，全是木雕装金的，不幸在文革中全部毁掉。

空灵岸

陈雨林

空灵岸距湖南渌口二十华里，位于湘江西岸霞石悬岩江边，昭陵滩之下，与湘江河中的空洲相望。

郦道元《水经注》状其惊浪雷奔，峻同三峡，称“空冷峡”。《梁书》称“空灵滩”。唐大历四年(769)，杜甫溯湘流而上，以诗记游曰：“空灵霞石峻”，故又曰“空灵岸”。

自杜甫游览留诗始，空灵岸便以风光幽胜而列入潇湘胜景之一。又因绝壁之下空灵寺历奉观音像，佛事传久而名日显。

清同治末年，空灵寺虽年久失修，而香客游人却络绎不绝，后乡人公推冯镜川为首募捐修葺。深秋时节某日中午，空灵岸下突然泊一小舟，船上一位商人打扮的香客径直入寺，冯镜川忙上前接待。宾主谈及寺庙修葺和募捐事，客人当即捐款三千文，不肯留名，并说：“你不必问我姓名，这钱是给你本人做茶水钱的，不要入簿，捐款我日后送来。”冯无奈，只好将姓氏空着，仅将三千文捐钱数目刊刻于石。第二年深秋，一只官船泊于空灵岸。官差进寺便问：“冯镜川公在否？彭玉麟大人搭来礼物，请冯公验收。”冯镜川一听，慌忙出迎，但见官差呈上一个红绸包裹，冯接过一看，是梅花画一幅，上附诗云：

神工劈出空灵岸，稳坐菩提自在身。

写树梅花作清供，琼瑶一色静无尘。

另纸又书“慈航普渡”四字，还有一包封，内有捐银三百两。

后来，冯将彭玉麟捐银刊碑，请长沙艺人将梅花画复刻于紫铜板上，修葺竣工时镶嵌于“诗圣亭”壁。后人又将其梅花画移刻于青色石碑上，称之为“梅花石”，并建梅花阁，以供瞻仰。

衡阳火车站前的古樟

陈光诚

衡阳火车站前的中央，有一株参天古樟，枝繁叶茂，苍翠欲滴。主干周径五米，高达十六米，枝叶覆盖面积约二百四十平方米。据当地老人说，这株古樟是明代万历年间栽种的，距今约四百年。1933年以前，它挺立在荒郊的一条石板古道旁，小地名叫“石家老屋”。前后各三华里外，有两座茶亭，叫新茶亭和老茶亭。炎夏天气，来往行人爱在此乘凉休息。1934年，古樟随着全国闻名的衡阳火车站站址的确定，日益引人注目。

当时粤汉铁路株韶段工程局局长兼总工程师凌鸿勋博士来衡阳，设株韶段工程局临时办事处于江东岸厂家码头附近。为了迅速确定车站地址,凌局长带领工程师数人实地勘察。他一到“石家老屋”,发现了这株古樟,十分赞赏说:“这里的风景很好,衡阳车站就建在这里。”随即指定留日的余伯杰工程师设计施工。

1936年,衡阳车站落成,古樟的四周用石柱穿着铁链环护着。新的车站与参天古樟相互辉映,特别引人注目。株韶段竣工,使粤汉铁路汉口至广州全线通车,衡阳车站适为粤汉铁路之中心点。是年9月,粤汉铁路首次通车,车上挂着一副名人撰书的对联。联云:“花事年年,惟问岭表白云,寒梅开未?车尘历历,指点汉阳红树,流水依然。”

抗战期间,衡阳车站屡次被日寇飞机轰炸。1944年,日本侵略军攻陷衡阳,全城几成废墟,而古樟却安然无恙,巍然屹立。1949年10月,衡阳解放,古樟更为人民所爱护,其周围重修护栏,并大量施肥,古樟显得更年青、更有生气了。它以巨人的姿态,沐浴着阳光雨露,无忧无虑地蓬勃生长。古樟的背面为衡阳车站,前面与回雁峰遥遥相对,旅客目睹这一雄伟景象,莫不为之赞叹。

君山金龟

何林福

君山金龟，原名蹑龟，又叫芝龟。据清嘉庆《巴陵县志·物产篇》记载：“君山产蹑龟，其板中断，摺之如蚌。”这种龟，平时藏身于岩石之中，每到黎明或傍晚，才蹑足而出，因此称为蹑龟。又因它常守护着君山灵芝草，故又有芝龟之称。又由于其龟背高耸，花纹奇特，龟边、龟板和龟头两侧是金黄色，所以又称为金龟。金龟与君山齐名，来君山旅游者，莫不以一睹为快。

金龟的龟板与一般的乌龟不同，在接近腹部的甲板上有条裂缝，将龟板从中间分为两段，由皮连接两端，活动自如，爬行时龟板张开，头足伸在外面。金龟主要生活在陆地上，觅食虫蚁，每当山雨欲来之际，天气闷热，便悄悄地爬到路上或潮湿的山沟里纳凉。这种龟既美丽，又清洁，没有普通乌龟身上的那股臊气。曾有人将捉来的小金龟放入衣箱内预防虫蚁，既没有排泄物，两三年之内不喂水和食物，也不会饿死。所以有“千年金龟”之称。相传很早以前，君山有个小和尚捉了一只小金龟垫衣箱，过了四十三年之久，这只乌龟仍然活着，为龟中罕见。

清代吴敏树《君山芝龟记》记载：“蹑龟，他山所

不常有,而独产于此,不可谓异欤?君山虽有之,亦不日日见。"老人们相传:"君山金龟总一百。"所谓"一百",就是指君山的金龟不管怎么繁殖或捕捉,它不会多或少于一百只。这仅仅是传说而已,但又为君山的金龟增添了几分神秘色彩。

武陵话竹

张宗高

湘西莽莽的武陵山中,翠竹成林,种类繁多,千姿百态。

武陵山中的方竹,竹干方正,棱角分明,竹节上环生坚硬的倒须,可说是竹林中一杰。苦竹清癯质朴,好像甘于淡泊,无所企求。在武陵山中还辟有苦竹的园地,叫"苦竹园",在沅陵县境内。观音竹娟秀文雅,有如白衣秀士。佛肚竹显得大腹便便,看了叫人哑然失笑。罗汉竹骨节劲奇,望之令人肃然起敬。那遍山遍野的毛竹,浑身长着一层绒毛,使人觉得它从来就不修边幅。绵竹、花媚竹枝叶妩媚,宛如婀娜多姿的少女。凤尾竹飘逸潇洒,浓阴遮盖。那到处皆是的楠竹,一般粗如碗口,最大的胸围达三尺,乃竹林之王,笔立挺拔,傲指苍穹。水竹、白竹、桂竹青翠欲滴,丰采飘逸。最稀奇的要数人面竹,正面看,竹身像一张张人面,又像一块块看，竹节组成一个个横卧的人字状。武陵山特有的实心竹，质坚劲实，中不空，近似实心。此外，色泽特殊的还有紫竹、斑竹、鸡爪竹等。各有特点，难以尽述。

行进在武陵山中，是一种很难得的享受，只觉绿烟霭霭，青气浮浮，微风吹来，群竹婆娑起舞；山风阵阵，竹干相摩相擦，如铿金锵玉。置身于这种境界，超然脱俗，疑虑顿消，如置身清净无为一尘不染之世界。

汨罗江上竞龙舟

罗芷生

“离骚千古有余香，耀三湘，永难忘。浪鼓龙舟，岁岁闹端阳。喜看汨罗春似海，人队队，燕双双。”这是一位诗人对汨罗江端午龙舟竞赛的一段描述和赞美。端阳，作为隆重的传统节日，千百年来，广泛流传，经久不衰。汨罗江是屈原投江报国之地，端午节的盛况，更是异乎寻常，其最高潮要算是龙舟竞赛了。

传说屈原怀沙沉江之日，老百姓纷纷向江中投放粽子，以免鱼虾伤害屈原的遗体，并协力划船到江中打捞。此后，为纪念爱国诗人，汨罗江畔的人民，每年端午节，就形成了吃粽子、划龙船的习俗。

端午节的头几天，龙舟陆续下水。首先，人们抬着龙头，鸣放花炮，敲锣打鼓，结队涌向玉笥山头的屈子祠，举行朝庙仪式。回来将龙头安放在船首，然后在江中排练试划。龙舟呈狭长形，前后装有龙头龙尾，中间竖一桅杆，桅杆顶端有拉绳牵向船的首尾，并挂着几十面三角形的彩旗。船上可容三十至三十六位桡手，以旗帜和桡手的服装颜色为标志，分黄龙、赤龙、青龙、白龙等。船中央另有两人负责敲锣打鼓，一人站立手持艾叶负责指挥。

农历五月初五中午吃过粽子、饮过雄黄酒之后，人们穿着节日的盛装，扶老携幼，从四面八方涌向汨罗江边，观赏龙舟竞赛。两岸是人的海洋，欢乐的海洋。先是几十只龙舟，悠游荡漾于碧波之中，这是积蓄力量，作伺机夺标的准备。时间一到，岸上鞭炮齐鸣，江中紧锣密鼓，心潮随碧波翻滚，人流拥彩旗沸腾，健儿们通力合作，奋勇拼搏。当两只或两只以上的龙舟速度接近，精彩的一幕就开始了，岸上鞭炮轰响，观众齐声助威，指挥者加快节奏，桡手加足马力，龙舟箭一般的飞向目标，爆发般的掌声、呼声、锣鼓声、鞭炮声，一齐大作，为胜利健儿鼓劲，为夺魁英雄喝彩，其紧张和激动人心的情景，十分壮观。引得人流一时向东，一时向西地涌去追睹江中紧张场面，直至夕阳西下才尽欢而返。每逢端午节，我总是回忆起故乡汨罗江的龙舟竞赛。

哭　嫁

向岩松

在湘西怀化一带，女子长到出嫁前夕，须学会三样本领，即：做鞋、理家和哭嫁，且对哭嫁要求最严。

女子订婚后，一般都在家中做出嫁的准备，谓之忙嫁。学哭嫁是忙嫁中最主要内容之一。伯娘、婶婶、嫂嫂等"过来人"是教哭嫁的主要"老师"；偶有母亲或姐妹相教的。哭嫁的情感很真诚，其内容也非常丰富，既有感谢父母养育之恩，答谢伯叔操心抚养的；也有告诫弟妹孝敬父母，规劝亲友和睦相处的；或奉劝父母及长辈们保重身体的；略有点文采的还要谈古论今，说些共勉之类的话……出嫁女哭到哪个方面，属于哪一类的人也要哭，谓之陪哭，陪哭的内容大都随哭嫁的内容而应对。长辈们大多是告诫到婆家后如何为人处世、怎样侍奉公婆、夫妻间如何恩爱相处；或是告诉她家中一切事情不必挂念，可以放心而去；同辈们大多共叙兄妹情、姐妹谊或互相勉励，互诉惜别之情……

哭嫁时间不一，有出嫁前一月、半月就开始的；也有前一个星期或三两天才开始的，而出嫁前三天和出嫁日早晨哭得尤甚。那情切切、意绵

绵、声凄凄、泪汪汪之态，的确感人至深，催人泪下，既是亲友相别的眷恋，又是对前来接新娘的新郎的一次生动的教育和告诫。

哭嫁时间的长短、内容的多少以及感人的深浅程度如何，是检验女子各方面能力的标志。倘若谁家的姑娘没有哭或哭的不够味就出嫁的话，不仅姑娘不光彩，就连其亲友也觉得丢了脸面，很长一段时间里抬不起头来。而且，姑娘回娘家时还会受到别人的嘲讽和讥笑，甚至遭到亲友的冷落，真可谓是“哭比笑好”。

哭嫁的习俗，在怀化一带至今仍随处可见。

“董同兴”的兴衰

柳铁城

抗日战争前，长沙市区不大，从北门口进城走湘春街、北正街、清泰街过辕门上(现青少年宫处)，经老照壁、府正街、南阳街，过走马楼到八角亭，再走司门口、南正街到达南门口，这一条通道商贾云集，行业齐全，生意兴隆。令人不解的是一路上挂董同兴刀剪店招牌的比比皆是，竟达五十多家，有真董同兴、老董同兴、真老董同兴，或加×记，或冠以老老、最老、首起第一家等字样，甚至在店牌上写明“只此一家，并无子孙分店”，或标明“三百年老店，世代相传”。这样真假莫辨，顾客反而无所适从。

远在清代康熙年间，长沙县沙坪乡铁匠董元春到长沙城南正街学院街口开了个董同兴刀剪店。他精工锻制的刀剪钢火好、锋刃利，特别是剪刀精巧合缝，松紧适宜，大小品种多样，式样精致美观。由于产品过硬，赢得信誉，顾客争相购买。每届全省乡试，外地考生来省应考，考棚设在学院街，考生慕名，都就便买把剪刀回乡，董同兴得以名扬省内，生意蒸蒸日上，财源大开。清嘉庆年间，南正街出现另一家“真董同兴”与之竞争，随后在长沙城各大街又相继出现×记和真老、老老“董同兴”。到民国时期，全城大街到处都有“董同兴”。当时政府没有专利法，同业行会也认为店名前加了字或记，就不算侵权假冒，允许开业。众多的“董同兴”鱼目混珠，产品质量低下，大大影响了原来获得的声誉。加之后来居上的杭州张小泉剪刀店钢火质量好，1936年又采用镀铬新工艺，使剪刀更光亮美观，“董同兴”无法与之竞争。1938年长沙遭“文夕”大火，随后日寇入侵，连年战乱，人民颠沛流离，市场凋敝，“董同兴”的刀剪也随之衰落。抗战胜利后至长沙解放初期，“董同兴”还剩有几家。1956年随着我国手工业的社会主义改造进入高潮，几家“董同兴”都合并到长沙捞刀河刀剪厂，“董同兴”遂成为历史的名词。

湘阴茶道

罗芷生

湘阴人喝芝麻豆子茶(又名姜盐茶)是一种地方习俗,就像湖南人喜吃辣椒一样,久已名闻遐迩。

湘阴人热情好客,而接待客人首先就是敬上一杯芝麻豆子茶。其制作方法是先将茶叶置于瓦罐内,投入少量食盐,兑上开水,再放些擂碎的姜末,少顷,将茶倒进碗中,撒上芝麻和豆子即成(或将茶叶、芝麻、豆子、姜、盐先置于碗中,用开水冲之)。豆子最好是大青皮豆、黄豆,次之则是川豆、饭豆、绿豆,吃起来清香可口,生津开胃,且具有一定营养价值。由于这种茶需要边喝边嚼,所以湘阴人不叫喝茶,而谓之"呷茶"。

此外,湘阴还有连续敬茶的习惯。外地待客只沏一杯茶就完事,而湘阴却是接连敬上一杯又一杯,直至客人再三婉谢方止。哪怕同一客人,一日之内往返数次,主人照样敬茶。湘阴人呷茶也有瘾,茶量很大,常是家人集聚,自己品尝。盛暑室外纳凉,寒冬围炉烤火,邻居亲友在座,边聊家常边呷茶,敬茶者接连不断,呷茶者来之不拒,竟可喝完一大瓦罐开水。

逢年过节,更是家家户户炒芝麻豆子的高

潮，一家少则十余斤，多则几十斤，香溢四野，辟剥之声传于户外。

辛亥革命老人、爱国民主人士仇鳌，原籍湘阴，1948年正值七十大寿。省会要人，名流学者，冠盖如云，贺客盈门，寿屏对联，遍布寓所。仇老既不铺张，也不设宴，贺客无分贵贱，寿礼不计厚薄，概以湘阴的芝麻豆子茶招待。宾朋不仅毫无简慢之感，且对仇老身体力行俭朴新风，和独具地方特色的祝寿形式，表示敬佩和赞誉。

擂　茶

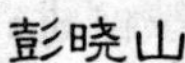

擂茶，在洞庭湖畔常德一带，以其独特的风味，饮誉民间。擂茶味清香甘纯，滋润爽口，具有生津止渴和养生的作用。制作时用茶叶、芝麻和少量生姜为原料，置于有螺纹的陶钵中，用木杵轻轻磨碎成浆，然后倒入盆中，用滚开水冲之，喝时用碗盛起再洒上一把泡米花，更觉香甜可口。木杵最好为油茶树干，一则质坚耐用，二则无气味渗入浆内，由于擂茶原料系乡间土产，制作简单，普通人家一年四季均能饮用。

用来招待客人时，除饮擂茶外，还佐之以多碟杂干果，腌瓜菜，炒豆类和各种油炸食品等，少则七八碟，多则二十多碟，杂然纷陈，各具特色，乡味醇浓。主客围坐桌旁，边聊边饮，边饮边酌，谈古今，论人事，叙情谊，话桑麻，怡然自得，田园风味十足。

家乡还有互相邀请喝擂茶的习俗，你家请，我家邀，在碟子的数量和风味上竞相媲美，看谁家心灵手巧，别出心裁。围饮时，品评称道，笑语盈耳，情意欢洽，久而不散。有次我走亲戚，亲戚用擂茶款待我，还请了左邻右舍，时值炎炎盛夏，从晌午直喝到夕阳西下。

家乡有的人喝擂茶成瘾，每日必喝，辍之则感不适。擂茶还具有驱寒散热，消除疲劳之作用。犯风寒感冒，往往喝上一两碗擂茶，热气暖身，遍身沁汗，顿觉轻松爽适，有如药到病除，此亦擂茶之特殊功能也。

飘香的油茶

俞惠安

1958年季春，我们湖南师范学院一群实习生赴蓝山县。时近中午，在去县城的路上，只见炊烟袅袅，空气中散发着浓郁的油香味。我们到达后，县政府教育科用油茶招待我们。原来那儿的习俗，油茶是代午餐吃的。只见桌上摆着大盘油炸食品，有麻团、花生、玉米、黄豆等，全部经油炸过，黄灿灿的，一股沁人心脾的香味扑鼻而来。主人给每人盛上一碗茶汤,汤微咸,既有提神醒脑的茶味;又有姜、葱的异香,热气腾腾,满屋的人兴奋起来了。啊!油茶,真是色、香、味俱全。

喝油茶,在湘南有着悠久的历史。在学生家里,我们了解到油茶配料制作的全过程。一般农村人家都有一个特制的灶,供做油茶用。灶小巧精致,一端安放一个口径约十五六厘米的小铁罐,盛泉水,水中放有大片的茶叶;另一端置小锅,满盛茶油。除姜、葱等佐料外,其他食物均须从油锅里煎炸过。一般花生、豆类等是放置茶汤中泡着吃,麻团用米粉和蕨粉(即蕨菜,根茎含淀粉)调和做成,如蛋大,经油炸后,粘上芝麻,黄底白麻点,有如精美的工艺品。姜、葱(一般只用葱头)均切成细丝,撒在碗内花生、玉米等食物上,然后用沸腾的茶汤一冲,随着热气的腾升,芳香四溢。

当地人说:“我们祖祖辈辈都享这份口福。”因为那儿物产丰富,除稻谷外,还盛产花生、玉米、茶叶等,特别是木科油茶。得天独厚的自然条件,使这些县的人民成了“美食家”。

画意诗情吊脚楼

剑　飞

人说湘西美,除了奇丽的山水外,美就美在这里古香古色别饶风味的吊脚楼。在凤凰县城沱江镇，人们临河而居，家家户户的吊脚楼，高高低低参差错落，往往给人以游目骋怀的美感。出生凤凰的文坛圣手沈从文，在《鸭窠围的夜》中更用他饱蘸乡恋的笔墨，为人们描绘出一个吊脚楼安静而充满诗意的世界：

> 黑夜占领了全个河面时，还可以看到木筏上的火光，吊脚楼窗口的灯光，以及上岸下船在河岸大石间飘忽动人的火炬红光。这时节岸上船上都有人说话，吊脚楼上且有妇人在暗淡灯光下唱小曲的声音，每次唱完一支小曲时，就有人笑嚷，什么人家吊脚楼下有匹小羊叫，固执而且柔和的声音，使人听来觉得忧郁……

湘西多高山大岭，世代耕作在这里的人们，便于山间平旷之地，以及山麓、河边、田坝旁，稍稍开凿修砌，选上好木料支撑起一座座或者一排排的吊楼来，旁边饰以几丛茂林修竹，省时又省工，温馨而有画境。这种楼，飞檐翘角，三面环廊，“吊”着几根八棱形、四方形刻有绣球或金瓜的悬柱，壁板漆得光亮光亮的，并嵌有花窗，通风向阳。花窗也往往用意极深，镂有“双凤朝阳”、“喜鹊恋梅”等图案，古朴而秀雅，为这里山寨风光，平添了几分旖丽。

山里人喜静，饭后茶余，男人们、女人们便端一条小凳，坐在木廊上打花带，或者干点别的什么，说那永远也说不完的庄稼话。偶尔也顺口溜出几句山歌，歌声轻柔、质朴而淳厚，田园风味十足，直听得人心里醉熏熏的。

印“惊蛰”

郑　伦

每年春夏之交，春雷一动，百虫苏醒。湘南一带为防虫蛊进入屋内，家家户户都用石灰围着房屋撒一周，一边撒一边念唱道：

“佛行四月八，毛虫今日嫁；嫁到深山去，永世不回家。”

传说南方湿气重，虫蛇多，常蛊毒百姓，惟有一吃斋念佛经的老尼不受其害。人们求教于老尼，老尼说：“用石灰围撒屋周，可防虫蛇入屋，这是佛祖如来‘画地为牢，不许入内’的佛法。”百姓用石灰撒了以后，果然虫蛇碰见石灰，立即退走。久而久之，人们到了“惊蛰”之日，就拿石灰围撒，成了习俗了。

当然佛法是假，撒石灰驱虫蛇倒是真，可以从科学上找到依据。

湘南婚俗

郑　伦

在湘南农村，女儿出嫁前，家里要准备大量旧布和一些新布。旧布是为了打袼褙，新布则用来做鞋面。然后搓麻线(纳鞋底的线较粗，扎鞋帮的就较细)，按男家人口做嫁鞋，一人至少一双。

姑娘们说："做双鞋像造房一样难。"打袼褙、纳底、裁底，千针万线，手面起泡。鞋底纳好后，做鞋面、扎面子、纳鞋，上绷子。取出绷子后，一双鞋才算做好。这样一双双地做着，出嫁的日子也一天天临近了。

到了出嫁那天，全村老少都要来送行。姑娘总要带上一口漆得红红的木箱，木箱里装的绝大部分是吃的东西，有煮花生、炒花生、花生糖、板栗、桔子、柑子等物。这些东西是在闹洞房时，分给客人吃的。这口箱子由男方接亲的人抬走，由姑娘的胞弟、堂弟或表弟担任"押箱郎"，一直将木箱送到男方洞房，得到男方打发的红包后才回去。

这种抬木箱的习俗由来很久，相传是因为新娘怕闹洞房，分点东西给人吃，甜着口、香着手，闹的就文明些。这也算是婚嫁中一种小小的计谋吧！

夜歌子

叶镜吾 遗稿

唱夜歌是湖南农村一种古老的习俗，一般用于丧事，或用于记事。出殡前夕，于丧堂歌之，通宵达旦，歌声哀婉凄怆，闻之坠泪。歌词无一定格律，歌时，击鼓敲锣，有旋律，有节奏，皆用方音叶韵。湘潭、株州一带，解放前民间唱夜歌的风气尤盛。1918 年军阀张敬尧督湘，疯狂屠杀无辜群众，当时流行的一首《走兵歌》控诉军阀暴行，字字血泪。歌词简录如下：

打起鼓来敲起锣，听我唱个《走兵歌》：

说起走兵（意即避兵祸）伤心多，眼泪就有几谷箩。

今年来了张敬尧，督军就是把杀人刀。

醴陵杀了几万人，株洲也杀了一千零。

奸淫掳掠还放火，娃娃也要用刀剁。

……

天昏地黑鬼夜哭，乌鸦啄肉飞上屋。

野狗舔血拖肠走，苍蝇嗡嗡蛆生肚。

兄哭弟来弟哭兄，号啕痛哭手捶胸。

子找父来父找子，恨不杀贼一同死。

丧亲的主人不要哭，九代的仇恨要报复。

　　　　贼与我不共戴天仇，不报仇来誓不休。

这首歌，传为当时株州农村以唱“夜歌子”著名的汪三跛子所作，语言浅显易懂，因而传诵一时。

凉亭

大雪

凉亭，为侗族建筑艺术一大特色，多建于山坳路旁，选择风景秀丽之处，供行人乘凉休憩之用。凉亭周围，古木森阴，山鸟婉歌，凉风习习，流水淙淙，歇息时，不仅使人疲劳顿消，更平添一番赏心悦目情趣。

我省新晃侗族自治县中塞乡岭翰坡之凉亭曰培元亭者，更具特色。该亭建于清咸丰十年(1860)，长约十一米，宽和高均为四米余，亭开四面，由十六根八棱石柱支托，亭壁用大青石砌成，亭顶为木质结构，以瓦覆之。建筑古朴浑厚，结构坚固,久经岁月风雨,巍然挺立不衰。亭中间为行人道,左右两侧设石条凳,供行人憩息。举目四望,远山含翠,云霭飘忽,山花烂漫,幽草多情,览山峦之胜,寄云水之情,亦足令人心旷神怡。亭柱镌刻有楹联,典雅隽永,沁人腑肺。如"楚岫呈图辉朝日,黔山入画霭夕阳";"新溪左畔群崇峡,晃水南疆第一亭。"皆清新入口。亭内壁有诗词碑刻,其中《石亭偶作》绝句四首咏亭中四时之乐,有首咏夏日行人休憩情趣云:"火云漠漠日炎炎,最苦行人是夏天。到此披襟聊一坐,清风买尽不须钱。"可谓道尽夏日凉亭之乐也。

摆手舞

蒋廷枢

湘西龙山、永顺、保靖、古丈等县土家族聚居区,目前还保留着土家族特有的摆手舞。

摆手舞的整个活动包括祭祀、跳摆手舞、唱摆手歌以及游戏等内容。它既是一种群众性的娱乐,又是一种传统的民族体育活动。摆手舞分大摆手舞与小摆手舞。《永顺县志》载:"各寨有摆手堂……每岁正月初三至十七日,夜间鸣锣击鼓,男女聚集,跳舞唱歌,名曰摆手。"土家族人民在跳摆手舞之前,先聚集在摆手堂内举行仪式,祭祀"八部大王"(土家族祖先八兄弟)或有关神灵。祭祀之后,大家身披土锦,手持刀、枪、旗帜扮成甲士,举行各类竞技活动,然后正式开始跳摆手舞。大家先围成环形,锣鼓置摆手堂中央。行列前有“导摆者”,中间有“示摆者”,后面有“押摆者”。跳舞开始,锣鼓齐鸣,人们按节奏进行套摆、展翅、雀跃、踏浪、乐太平等动作,一般舞者不歌,由圈外群众高歌伴和。

解放前,跳摆舞者手中持有长矛、齐眉棍等武器,跳时将武器斜拿着,以“三摆一跃”的方式向对方冲去。双方接近时,相互以武器交叉,然后将武器直拿并旋转过来,各以“三摆一跃”的方式退回原位。这种摆手舞叫做“插花摆”。

土家族摆手舞日夜连续举行,时间七天至半月。解放以后,参加摆手舞者只是徒手而不持武器;日期不固定,每逢喜庆佳节均可以跳。编为大型团体操时,摆手队可组成各种图案,如“万字格”、“串字花”、“六耳节”等,动作有“天女散花”、“美女梳头”、“风吹杨柳”、“鹞子翻身”、“老鹰展翅”等。

苗寨年猪饭

刘期劲

城步苗族自治县的许多苗寨,流行着请吃“年猪饭”的习俗。每年农历十二月下旬,各户宰杀年猪，要挨家逐户把各族亲友请来吃一餐，让客人开怀畅饮。这就叫做“年猪饭”。

年猪饭席上通常摆四五样菜肴，每样双碗，合成“五花八门”、“十样图景”。一是大块猪肉，或三角，或方块，夹在竹筷上闪闪欲坠，表示主人的诚挚和敬意；二是猪肝炒“粉肠”，意思是宾主坦诚相见，共话衷肠，互相激励；三是瘦猪肉拌新鲜萝卜共烹，吃起来味道鲜美，象征在新的一年里把生猪喂养得像萝卜一样肥壮；四是猪血汤，颜色鲜红，香美可口，象征新的一年五谷丰登，六畜兴旺，实现“满堂红”；五是脆肚片，拌上酸辣椒，香脆爽口。还有的炒个“腰花”，不但味美，还体现苗族村民心花怒放的欢快心情。

吃年猪饭的客人们，通常喜饮猪胆酒，即把一个猪肝切成两半，将有胆囊的一半放在火塘边烤熟(另一半做菜食)，然后把肝切成片，分给各人吃。猪胆汁倒进酒壶内摇匀，斟在各人酒杯中饮用。这种猪胆酒，香味醇正，消炎去热，醒脑清心。更有意义的是它表示主客之间肝胆相照，感情交融，和睦友善，团结互助。

城步苗寨的“年猪饭”，年复一年，代代相传，成为一种优良的传统习俗，是各民族团结的象征。

瑶家人的酒

宁 远

湘南一带，瑶族男女均喜饮酒，酒为杂粮自酿，清香而醇厚，瑶家人名之为“瓜当酒”。

瑶民习俗，家有上宾，便陈酢肉、瓜当酒，一快朵颐。瑶家人喝瓜当酒，是用大口粗瓷碗儿，每次盛满，少说也有二、三两。初来乍到者往往经不住主人合家殷勤相劝，一气喝下，脸便直红到脖颈根。

好酒必然出自好的泉水。瑶家山寨，村前屋后多的是山泉。酿泉为酒，泉香而酒洌，自是无上妙品。难怪瑶家人常对远道而来的客人讲，城里人的酒，水质不纯，总不如自家取山泉酿造的好。

我的故乡湖南九嶷山区，九峰连绵，瑶家世代生活其间。我们曾于七月流火时节，前往瑶家采风，做客于一位瑶族长者之家。瑶族老人极热情，宰鸭烹肉，捧出一坛陈年老酒，在那古朴幽静的木楼上款待我们。老人年过花甲，酒量却甚豪，碰杯如同饮茶。三碗两碗下肚，谈兴也上来了。我们暗暗佩服瑶家人喝酒的海量，更感于他们的殷勤和好客。那一晚我们都喝得很醉。其时明月初上，凉风习习，瓜当酒的余香仍然弥漫在瑶家小楼间。

瑶寨归来后,我填了一首《浣溪沙》以志其事:

“月照茅坪饱啖瓜,村姑三两唱瑶家,夜来溪里捉鱼虾。 一醉醒来方惊雨,五更时候正鸣蛙,同人齐赞此行佳。

中国维吾尔族的第二故乡

戴铁珊

湖南桃源县的枫树乡,聚居着一千八百多维吾尔族与回族人。全国的维吾尔族人集中地,除新疆外,就要数这里了。所以被称为我国维吾尔族的第二故乡。在汉族聚居的内地有这么一小块维吾尔族之乡,多少带有一点神秘色彩。

公元14世纪中叶,元灭明兴,明太祖朱元璋为了“以夷制夷”,对少数民族采取怀柔政策,将元将哈勒的儿子哈八十所统率的伊斯兰军队调到南方,封他为荆襄都督,使之成为明王朝向南开疆拓土的先锋。由于他“剪除敌对势力有功”(朱元璋语),取头一个字赐姓“翦”,并御笔亲更“十”为“士”。1389年,翦八士殁于军中,奉旨敕葬于常德东关外黄龙岗。后裔袭其官职,所领伊斯兰军士,也都在常德、桃源一带落籍定居,至今已有六百多年历史,子孙已繁衍到二十六代。维吾尔族《翦氏宗派歌》写道:

山体恒敦，万象凝英。
传家以善，维绪其荣。
敏慎修德，谦和佐仁。
宏开泰运，丕振芳声。
惟民光厚，景尔咸宁。
克恭孝友，本立道生。

翦八士的后裔，世袭常德卫政指挥使，大本营设在枫树，因此这里的维吾尔族人更多，更集中。他们绝大多数姓翦，信仰伊斯兰教。生活、风俗习惯古老淳朴，与伊斯兰教的宗教活动密切相关。语言、服饰、饮食、婚姻、丧葬、节日、礼仪，都有鲜明的民族特征。如男方娶汉族或女方嫁汉族，对方都必须答应“进教”，并自愿遵守回、维族教规和生活习惯。结婚时请阿訇主持进教仪式并念“尼卡哈”(《古兰经》的一段)，以表示证婚。男子喜戴四楞小花帽，着长袍，用长方巾扎腰，蓄“圣型”，即蓄两鬓、胡须。妇女戴盖头。未婚女子喜留长发扎小辫。一岁扎一条，婚后就不再扎了。大多数人每天要做礼拜，等等。这些民族特征，有些已逐渐消失，但一些重大节日，至今仍保留着浓郁的民族色彩，每年到时都要隆重举行纪念活动。

枫树乡的维吾尔族人，在近代历史上，涌现了不少颇具才华的人物。如民国七年(1918)翦登贝和郭亮一起，领导过长沙泥木工人大罢工，以身殉难；现代杰出的历史学家翦伯赞，便是诞生在枫树乡，并在这里度过了他的童年时代。

土家织锦

彭　俊

土家织锦有两千多年的历史，最早可追溯到秦代的“賨布”，这是土家族先民向秦王朝交纳赋税的一种。后历经诸封建王朝至明清时代，分别以“斑布”、“溪布”、“溪峒布”、“土锦”等名之，且均属于贡品。《大明一统志》载：“土民喜服五色斑衣。”明代中叶著名土司彭士麒编撰的《永顺宣慰司志》，也说土家人民“喜斑斓服色”，这说明从明代开始或者更早一些，织锦已普遍用于土家人的服饰。织锦一般以红、蓝、青色棉纱为经线，各色彩丝、毛、棉线为纬线，采取通经断纬、反面挑织的方法织成。土家锦的色彩运用，融民族感情、宗教信仰、风俗习尚、审美意识于一体，灵活多变，不拘一格。织锦画面艳而不俗，整齐大方，清新明洁，绚丽悦目，给人以强烈的美的感受。

土家织锦同其他艺术门类一样，不是纯粹的精神产物，而是产生于土家人民长期的社会劳动中，因此，其纹样构成与题材内容的选择无不体现着土家民族的社会生活及风土人情，是浓缩了的社会画卷。清贡生湖南永顺彭勇行写了这样一首“竹枝词”：

山村处处柳絮斜，闺女生来会打花；
四十八钩花并蒂，不知持送与谁家。

其实，土家姑娘织锦并非完全为了备嫁妆，而是土家民族有以织艺高低衡量一个姑娘是否聪明能干的习俗。“白布帕子四只角，四只角上绣雁鹅，帕子烂了雁鹅在，不看人才看手脚”；“养女不织花，不如莫养她”；从这些土家民歌和口语，便可知精于织艺对土家姑娘来说是何等的重要。土家人世居山区，对于栖息山林的飞禽走兽和花草树木十分熟悉；同时，在历史上又深受汉文化和土司制度的影响，因此织锦图案取材十分广泛，主要以各种动物、植物、花卉、家具、土家民俗以及与土司制度和汉文化有关的题材作为图案。这些题材可以单独构图，也可以把几种结合起来，十分灵活。到目前为止，土家织锦已发展到二十多个品种，五百多个花型。

苗族百狮会

蒋为群

每年农历正月十二日，湘西吉首市矮寨都要举行“百狮会”。来自吉首、保靖、花垣、凤凰等地的“狮子”，多达一百多头，使苗族集居的矮寨成了“狮”的海洋。

“百狮会”中，“抢狮”为传统表演项目。一个苗寨的狮子队正在表演时，另一苗寨的小伙子按事先商量好的计策，选一身强力壮的“抢狮者”,其余数十人作掩护,突然出击,把对方的“狮子”抢过来,高举头顶速奔回寨。被抢走“狮子”的舞狮队则高兴地敲起锣鼓,吹起牛角,到抢得“狮子”的村寨作客。这时,抢回“狮子”的村寨里,男女老幼一齐出动,对抢狮回寨的小伙子连称“玛汝(好)”,并拿出米酒、炒米花、糍粑等接待客人。抢狮回寨的小伙子则忙于打扫房间、劈柴生火、杀猪宰羊,准备更隆重地款待客人。当晚活动的高潮是:客寨“狮子”在锣鼓声中挨家挨户给全寨人拜年,主人则安排各种“迎狮、问狮、考狮”的活动作答谢。

第二天早饭后，主寨人要在空坪里叠起六十六张方桌,顶上再四腿朝天放一张小桌,主寨狮队领先表演“雄狮爬桌”,一直爬到顶上脚踩小桌四腿,表演“雄狮迎春”等节目,显示惊人的绝招。客寨队也随后表演,形成抢狮活动的第二个高潮。最后,送客人回寨。礼物是头天杀猪宰羊留下的猪、羊腿各一条,象征彼此吉祥如意。这一传统的活动形式，成为湘西苗寨别具一格的民族习俗。

跳丧舞

彭继宽

“跳丧”是土家族著名的民间舞蹈，也是土家族古老的丧俗之一。

笔者曾在石门县江坪、南坪等乡镇观看了跳丧舞的表演。这种舞蹈原始古朴，结构严谨，造型独特，民族特色浓厚。当地老艺人为我表演，并讲述了跳丧舞的起因、动作以及流传范围等情况。他们认为：老人去世，亲属不能对其冷淡，更不能让死者听后人悲声啼哭。而应为死者带来喜悦，在安葬前享受一次人间娱乐，要将悲事当喜事筹办。这一活动既是一种文化娱乐，又是特有的治丧风俗。

跳丧的地点，一般在死者灵柩前，举行一天一夜。如死者德高望重，子孙众多，则将停灵期延至三到五夜，每夜连续举行。为了表示隆重，在跳丧前还向舞师行大礼，并请有名望的舞师“包丧”，由他主跳，众人配合。先由一人击鼓指挥，发歌领唱，舞者二人为一组对舞。如地方宽敞，还可组织多人对跳。跳的人越多，丧家越感到光彩。

跳丧舞的步伐套式比较固定，大体有“四大步”、“风夹雪”、“凤凰展翅”、“武打丧”等，此外还有“美女梳头”、“螃蟹歌”、“洛阳桥”等套式。舞蹈中有许多摹拟动作和劳动生产的舞姿和造型，如“老虎抱头”、“犀牛望月”、“观音坐莲”、“崖鹰展翅”、“蜻蜓点水”、“泥龙滚身”等。这些舞姿揉入各个套式之中，使跳丧舞显得绚丽多姿，生活气息浓郁。

苗族传统节日“四月八”

罗应贵

“四月八”即农历四月初八。这个苗族传统节日始于远古洪荒时期。传说当时洪水泛滥，世上其他的人都被淹死，只留下伏羲表兄妹两个。他俩以石磨为媒，于四月初八成亲，使苗族人民得以重新延续和繁衍。苗家的先民们为了纪念他们，就把这天定为欢庆新生的节日，代代沿袭至今。苗族人民每年都在这天举行盛大的活动，这已成为一种极具魅力的习俗。

吉首地区自古以来，“四月八”活动都是在矮寨镇家庭寨附近的一个大山坳上举行的，原地名叫“边花”。这天苗族人民载歌载舞，表演多种节目，其中以必不可少的“上刀梯”最为惊险。地面竖一根高十米多的木柱，柱上凿有三十六个孔，安上三十六把长一尺半的钢刀，刀口向上，刀刃锋利。柱子四周用绳子或铁丝拉紧，顶

上系有彩旗，表示希望和胜利。上刀梯的人一般是苗族巫司，也有苗族男青年。表演时锣鼓喧天。登刀梯的人赤着脚从第一级刀梯开始，逐级向上登去，像踩在地上一样轻松自在。爬到顶上后，表演倒挂金钩、大鹏展翅、观音坐莲、枯树盘根等武术节目，然后脚踩刀刃，逐级而下。围观者无不赞叹。

"四月八"这一节日活动一直沿袭到民国初期，后来中断了三十多年。新中国成立后，才恢复了这个传统节日。

"倒挂金钩"胆气豪

恨　非

"倒挂金钩"是湘西土家族一项传统的体育活动，分大挂(用膝关节挂)、小挂(用脚背挂)。表演或比赛的形式有单人、双人和多人三种。赛前由各寨挑选代表，比赛时选手们身穿花条上绣银钩的胸衣，下着青色镶金边的裤子。举办单位在一块空坪里竖起两根高高的木杆，两杆之间拉上一条用葛藤绞成的绳子。参赛者用大挂或小挂竞赛时，下面烧着通红的炭火，并放入大小不一的石头，如若不慎跌下，便坠入火海，颇为惊险。参赛者一边倒挂着往前移动，一边还要做挖土、种包谷、插秧、砍柴等动作。先到达另一边者为胜。这种传统体育活动，可检验参加者的勇气、胆量和技巧，为土家族人民尤其是青年们所喜爱，故能流传至今。

萧石朋的“营养餐厅”

鲁　林

萧石朋，有“长沙闻人”之称，职业是新闻记者(主编《消防周刊》)，又是长沙著名的美食家，专为长沙各大酒馆设计筵席，称为“萧单”。自己也能主厨，但不轻易动手。30 年代长沙一桌上等翅席约光洋三十元，他的一张菜单报酬是光洋二元。

“萧单”的特色是“注意配合，讲究营养”。在 30 年代，营养观念并未渗入厨师心中，美食家俞秩华、谭延闿等，并无现代营养学的概念。萧石朋首先掌握了食物原料所含的营养成分，才进行主、副料搭配。此外,他十分注重调查研究,在主单之前,一定要弄清就餐者的姓名、年龄、籍贯、职业、性别五大项,经他综合后,开出的菜单,能做到人人满意。后来他自开“营养餐厅”,就印了调查表,凡去订菜的一律先填表,否则不接待。他用“菜单”指导厨师,十分具体周到,能使厨师心悦诚服,如“东安鸡”,他写道:“小葱七根,以葱须爆香,葱后入。”他认为这是时令菜,每年只有七到十月这一季有嫩姜时才食此菜。又例如“清炒虾仁”,他视就餐者的情况,分别注明:“豌豆苗顶叶下几叶”,等等。他总结经验成书一册,名曰:《营养食谱》,附有简单的食物营养成分含量,一部分曾在长沙《大公报》副刊登载。

1947 年,萧石朋在长沙市宝南街一号开设“营养餐厅”,聘请奇珍阁老厨师主厨,生意兴隆,只订酒席,没有门市,每一桌酒席都由他设计交厨房操办。解放后,“营养餐厅”停业。萧石朋后来担任省参事室参事。

马明德堂的卤锅

俞润泉

长沙马明德堂卤菜店,遐迩闻名,店址在长沙市马王街。20 年代我家住马王街清香留,40年代住东庆街柑子园口,与该店是老街坊。

马明德堂开设于清朝咸丰年间，号称百年老店、百年老锅。店堂很小，只做外卖，品种不多，只有酱汁肉、酱汁肘子、粉蒸肉、各色卤味等，产量亦少，每天晌午炮后就收场了。卤菜味极好，尤其是酱汁肉，每斤约十块，每块用一根席草系住，最合长沙人口味，他的出名就靠一口百年陈卤锅。

街坊传说：这口卤锅的香料共有七十二种，其中还含有人参、三七、冬虫、灵芝、首乌等珍贵药材。每天卤后必烧开一次，以保持不变质。

这口卤锅是马明德堂立家之本，他非常珍重。1938年，长沙大火，马老板挑着一担箩筐，从他那小店子里匆忙逃出，后挑是换洗衣服，前挑就是那口盛满了卤汁的大沙锅。沿途颠沛，倾了不少。抗战胜利后，马老板在旧址复业，我问他："你挑着卤水跑河西(湘江西岸)，剩了多少？"他说："这是祖宗三代传下来的，是我的命根子，哪怕剩一碗也好。"实际上不只剩一碗，那只沙锅也未打破。

由于现代人口味改变，不爱吃肥肉，马明德堂久已不存在了。

长沙的印字香干

俞拾遗

香干，即豆腐干，上面印一个凸出的字，是具有商标意义的记号，始于19世纪，那时并没有《商标法》、《专利权法》，但印字香干早就赢得信誉了。

过去长沙市有“德”字香干、“泰”字香干两种，价廉物美，质量过硬，横切竖切无渣无孔，可谓“快刀切豆腐，两面光”。“德”字香干尤胜于“泰”字香干，系我俞家“俞德馨斋”所首创。“俞德馨斋”开设在长沙青石桥，是乾隆年间由浙江绍兴迁来长沙的一家小店。我的老祖宗叫俞德，光绪年间，我们家请名匠用二十四副黄杨木雕刻了一千五百三十六个“德”字，每字一块，即每天生产，一千五百三十六块香干。每块售制钱两枚，制钱有两种：一种是平整完好的叫“青蚨”；一种是凸凹不平的，称“烂板”。“烂板”可以在茶馆买包子，但“德”字香干，不收烂板钱。两个好制钱一片，毫不通融，因此当时有一首流行语：“青石桥，有干子，德馨斋的香干子，烂板钱，吃包子，留了青蚨买干子。”

1909年，“俞德馨斋”歇业，当时已有八大房，祖传二十四副木雕，每房分三副，只有作坊

里的土地菩萨没有分。那地方后来开了“三吉斋”,隔壁又开了“吴恒泰”,土地菩萨就让给“吴恒泰”了。

我这一房分到的三副雕板已于1938年毁于长沙大火,那时我已十二岁了。

洞庭湖的银鱼

何培金

洞庭湖的鱼类多达一百多种,其中最名贵的当数银鱼。

这种鱼,头小而扁,口裂甚大,体细小如柳叶状,后端则扁,眼位于前侧,上颚骨则弯,向后伸长,下颚突出,全体呈银白色,透明,惟鳍边缘略现一线黑色,浮于水内,与水色相同,可起保护作用。洞庭湖区的沅江、汉寿、岳阳、华容诸县,都产银鱼,但产量很少,是一种珍稀食品。

岳阳银鱼是浑水银鱼,眼睛是红的;沅江银鱼是清水银鱼,眼睛是黑的。银鱼喜结群而处,常栖息于湖水浅处、近苇藻间。每年八月,秋风吹拂的时候,便是捕捞银鱼的季节。网捞银鱼,大船用风网,小船用捞网。无论风网、捞网,都是用丝织成的。风网拖在船尾,布帆满孕秋风,来往湖面,银鱼便拖入网中了。至于用捞网的,那只是一叶扁舟,捞银鱼的多是渔妇,小船不系,任其中流游荡。渔妇手撒捞网，从水中捞起银鱼，倒在舱中。

银鱼肉质细嫩，蛋白质丰富，味极鲜美，小炒、煮汤皆可，以煮汤为最佳。唐代诗人白居易曾作诗赞："庭前供白小，天然三寸长。""白小"，就是银鱼。由此可知，银鱼在唐代便是席上佳肴了。

东安鸡

杨苏勤

"东安鸡"是东安县的传统名菜，早在唐玄宗开元年间，"东安驿" 官家的酒宴上便常用此菜。相沿下来，其制作技术日臻考究，并逐步传向外地。民国时，东安人唐生智任职南京国民政府，随身带有一位擅长做"东安鸡"的家乡名厨师，常命其做"东安鸡"，款待中外宾客，客人每每赞不绝口，一时前往唐公馆学习烹调者颇多。"东安鸡"因此名声大噪，广为流传。

"东安鸡"造型美，色泽鲜，香浓气醇，肉嫩骨脆，兼有卤鸡的清凉，烧鸡的脆嫩，炖鸡的鲜美。其制作，是选一公斤左右的母鸡或仔鸡，宰杀后放尽鸡血，去毛洗净，从食袋旁开口除却食袋，又从肛门处开口取出内脏，不要将鸡全切开，放入盛清水之锅内，煮至七成熟时捞出，切下头、爪、腿、翅，再将鸡脯顺肉纹切成小长条，

佐以芝麻油、甜酒、米醋、干辣椒丝、花椒粉、生姜丝、精盐等。置砂锅旺火上,倒入熟猪油二两许,鸡肉与佐料入锅颠簸翻炒,尽熟,出锅拼出全鸡便成。

益阳松花皮蛋

胡　坚

益阳的松花皮蛋,清凉爽口,味美醇香,在国内外市场上畅销不衰,这同它那悠久的生产历史和精湛的制作技艺是分不开的。

益阳松花皮蛋生产始于清代中叶,距今已有二百余年历史。据《益阳县志》载,清光绪二十六年(1900),益阳即有成批皮蛋出口。民国十九年(1930),益阳县城有皮蛋生产作坊二十四家,年产二百余万只,运往汉口转销到港澳、东南亚等地。抗日战争时期,益阳蛋行和生产作坊发展到五十余家,皮蛋交易额达银洋十余万元。新中国成立后,益阳松花皮蛋的生产得到进一步发展。

益阳松花皮蛋之所以味美醇香,有它得天独厚之处。益阳湖区鸭多,湖鸭食鱼虾而产的蛋,制成松花皮蛋,味道特别鲜美;加上益阳有一套传统的加工技艺,向有“蛋好松花开,妙手图案来”之美誉。益阳松花皮蛋的特点是:肉体晶莹光亮，呈棕褐色，柔软而富弹性，尤令人惊叹的是皮蛋表面呈现朵朵松花，酷似镶嵌在晶莹玉石上，所以不仅味美而且色鲜。

和记粉馆发家史

覃　衣

和记粉馆原在长沙市城北湘春街，店窄而深，极整洁，另有专门炉灶制斋粉，用黄豆芽、香菇蒂、冬笋头熬汤，调以小磨香油，白菜心垫底，冬菇盖面，如此精心制作，实为长沙惟一的一家。解放后，和记米粉仍名闻遐迩。

此店创设于1930年冬，原是烈士祠门口一家米粉小摊，因量多质好，备有胡椒、辣椒免费供应，每碗价钱比其他粉店还少铜元一枚，所以生意很好。可惜店里仅有一张小桌，而这一带有明德、周南、大麓、丽文、雅礼等十多所中学，中学生光顾的极多，小店非常拥挤。

摆这米粉摊子的姓李，家中一母二子，大儿名李仪和，小儿名李福生，原住长沙东乡，由于农村破产，无以为生，乃流入城市，靠卖米粉营生。这米粉摊有一常客为大麓中学学生，名叫赖曾绶，原籍福建闽侯，其父为铁路高级职员，是长沙有名的富户，那时家住理问街（今蔡锷中路），距大麓中学太远，常以米粉为中餐。有一次，

赖对李福生说,你何不佃个门面,把质量更加搞好,多摆几张桌子,省得我们站着吃呢?李福生叹了一口气说:赖大少爷,我们哪有这本钱啊!赖说,不要紧,我借你五十元光洋补助你的不足,不要你分文息金,以后,我来吃粉记个帐,按质计价,也不要你优待,贴了本,就不必还我了。于是李福生就佃了一间小房子,挂起"和记"招牌。那时,长沙称猪肉为"大肉",称牛肉为"小肉"。长沙有牛肉面,称"小码",但没有牛肉米粉。这"和记"就推出牛肉米粉的牌子,所以生意越做越好。他们是隔天炖肉,小火煨烂,真是落口销融,因此名声远播,有的还远道来吃"小码米粉"。当时名记者罗心冰(笔名壶公)写了一首诗称赞道:

湘春门外雨濛濛,走马行车味最浓。
齐说李家和记粉,青葱之上辣椒红。

后来仪和、福生兄弟析产,分别开了两家"和记",发了财,在长沙东乡买了一些田地。赖曾绶现仍健在,与余有戚谊,亲述往事如上。

君山茶

玉　汝

君山茶是现代中国名茶之一,它成名早于龙井、碧螺春、瓜片,嫩度优于龙井、六安,造型粗壮挺拔,白毫如玉。最令人赞叹的是冲泡时,有三起三落,忽浮忽沉的特色,因此名传海内外。

君山茶产于东洞庭距岳阳市十五公里的一个仅一百公顷的君山岛,又名洞庭山。那里古代并无成片茶园,只在后山古庙附近有散丛茶树,因此君山茶的产量不高。岛上的茶农就是庙里的和尚。他们为了精挑细选,谷雨前十多天只采一芽一叶初展,还有雨天不采、带雾不采等许多清规戒律。一个工仅能采鲜叶不到一斤,小锅焙炒,做工极细。“物以稀为贵”,正因为产量奇少,价亦极昂,同治、光绪年间,每斤售纹银三十二两,还只有督抚官僚,费尽唇舌才能买得二三两,称为“羡余”。我听老人传说,真正君山茶条索严谨,亭亭玉立,取一芽在纸上画两条平行线,再取数十芽排列,短长一致,均不逾线。太湖所产碧螺春、铜丝条,螺旋形,曲如好女,盖后起之秀也。

《巴陵县志》载:“君山贡茶自清始,每岁贡十八斤,谷雨前知县遣山僧采制一旗一枪……”贡茶是一种古老的制度,地方官向皇帝报告当地著名土特产以媚上,皇帝也确定一些入贡项目。清雍正七年(1729)定贡茶七种,每种都是十八斤。但君山地小,十八斤干茶,应为六十四万八千个芽头组成。贡物是不给钱的,皇帝要十八斤,各级官员也要一些,小和尚只好砍树毁寺逃之夭夭了。但君山茶并未绝种。解放后,百废俱

兴，从后山龙摆尾坡寻得三株，剪枝育苗，今日得茶园百亩，十里飘香，但因大批量生产之故，难有旧时容色。

沏君山茶时，须用透明度高无花纹的玻璃杯，先以百度沸水“暖杯”五分钟，然后放入五至八克君山贡尖(现称银针)，注入九十八度沸水，于是三沉三浮立见。“暖杯”之制，古已有之，现只有君山沿用，除了具有消毒作用外，还可使容器温度与冲入之沸水温差减少。茶叶入水，立起波澜，为什么只有君山茶才有这种特色呢?因君山茶茸毛厚，不易在一分钟内泡透，故有所沉浮。

我在茶陵种茶十年，后又治湖南茶事史。1989 年我参加新中国首届茶文化展览，见一瓶君山银针极品，标明“非卖”，足见其非常珍贵也。

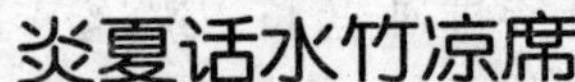

炎夏话水竹凉席

胡　坚

夏日炎炎，使许多人想起了凉爽、舒适的益阳水竹凉席。

益阳水竹凉席生产始于明初，距今已有六百多年历史。明万历年间修的《益阳县志》就有“竹篾”记载：“益阳竹、木、鱼、米可称饶足，农户编竹者众。”清同治年间的县志对水竹凉席记载较详:“益阳水竹凉席工艺精湛，薄如币，明如镜,平如水,柔如帛,被列为岁贡之品。”

民间关于凉席生产的传说也很多。相传元末明初,浙江有萧、沈两家人,逃兵燹来到益阳县茅竹湖畔,看到这里翠竹如盖,环境幽美,就定居该地,用水竹编凉席度日。从此,代代相传。至今,茅竹湖织席能手大都出自萧、沈两家。建国前，编织水竹凉席的只有三十多户，年产千床,少量出口,在国外享有盛誉,1915年在巴拿马国际博览会上获优质奖。

益阳水竹凉席以技艺精湛著称。日用品每市寸竹片编篾十四至十六皮，一片纤纤细篾在艺人手里可以编成凤尾图、梅花格等多种图案，还能织成花鸟、山水等多种花席。它既是日用品,又是工艺品,具有篾纹纤细、光亮平滑、图案美观、色泽素雅、消汗散热、坚韧柔软、经久耐用等特点。一床优质水竹凉席，可用二三十年之久,而且越用越光亮,色泽棕红,清凉如水,堪称夏夜消暑佳品。

解放后,益阳水竹凉席生产迅速发展,年产达五千多床，成为全国著名的水竹凉席生产基地之一。1956年益阳县凉席厂精编的“世界和平”花席在莱比锡国际博览会上获银质奖杯。

临湘砖茶

何培金

砖茶，是茶叶经高压呈方形块状后的称谓。清末以来，临湘砖茶一直颇负盛名。砖茶味浓烈醇厚，助消化，暖身躯。畅销于苏联、蒙古和我国西北、东北一带。

临湘砖茶分为三种，一为青茶(春季茶，又称"绿茶")，一为红茶(也是春季茶)，一为黑茶(夏茶)；羊楼司、聂家市、云溪、横溪等处为其加工制造，并运销集散之地。30年代出版的《湖南经济·湖南之茶》，对其源流、兴衰有详细记述：

考临湘青茶始于光绪十四年(1888)，有汉帮茶商在羊楼司试办，因质厚味浓，销路畅旺，产量日增，最盛时年产近二十万担。红茶计分米茶、毛红两种，咸丰年间，广帮来临湘试办，旋本地商人亦知仿制，最盛时年产曾达二十万担。后因青茶有市，红茶减少。黑茶又称老茶，始制于同治年间，因为茶商以红茶仅用春季茶叶踹制，而茶叶夏季产量更多，即用以制成黑茶。

抗战以前大小茶厂林立，总数不下十余家，亦有利用机器以制造茶砖的，此项砖茶厂，初由俄人经营，因为俄人嗜红茶较各国尤甚，以浓郁醇厚为尚，临湘之茶叶最适合制造红茶。

20年代末，苏联为了恢复中苏茶叶贸易，曾组织协助会来华，并委派专人到聂家市洽谈红茶生意。据原“聚隆”茶厂方惠汉回忆：苏联茶商到达聂家市后，聂家市几家茶厂老板联合起来，宰了一头牛，热情款待来客。双方本着互助互利的原则，议订茶事合同，砖茶生产获得空前的发展，仅1930年就销给苏联砖茶三万多箱(每箱六十市斤)。当时，聂市的茶厂多达十家。

泥塑圣手张开先

符玉荣　段明伦　田仔万

张开先，号秋潭，湖南麻阳县人，其泥塑工艺堪称一绝。他自幼聪颖，尤喜泥塑，常迷而忘食。八岁入私塾，却无心习文，书篮里藏泥，桌位里放泥，手里捏着泥，被夫子重责，归家随父耕耘，闲暇捏泥塑，如痴如醉。日久技进，终于塑出胶泥人兽，形神俱备，呼之欲出。其所塑龙、马、兔、狮……十八罗汉、刘海戏蟾等，在集市出售，购者无不惊叹，一时名传遐迩。

1885 年 8 月，武陵(今常德)一富翁酷爱泥塑珍品，闻其艺绝，以厚礼请之。张开先乘船前往,途经沅陵清浪滩遇盗,强人不抢钱财,单劫“刘海戏蟾”等泥塑。抵常后,富翁待以上宾,求塑父母像。张面人而坐,不动声色,一边审视,一边捏撮。少顷,像成,与活人脸谱不二。

1929年,当地十九独立师师长陈渠珍请张开先为其好友驻凤凰县龙团长塑像。张与陈、龙闲谈时,不时用眼睛打量龙,手在袖里动作。不一会,从袖管里取出一泥塑,活托出龙的嘴脸,维妙维肖。陈赞不绝口,予以厚赏。凤凰县城请塑天王庙三马,张允,历三日,工竟成,并亲为上光开脸。其马膘肥体壮,竖耳奋蹄;马夫身着勇挂,头裹英雄巾,竖眉瞠目,手勒马缰,威然挺立。不日,一乡间老妪,背卖马草,至马栏,误认为活马。

一日,张开先见陀江土地庙缺神像,即塑土地神,并配上“土地婆”,体态丰盈,冰肌玉肤,微启朱唇,媚态可掬。张于1942年病逝。著名作家沈从文在《湘西行》一书中,赞誉:“麻阳人中,有一双值得称赞的手,在湘西近百年实无匹敌,是塑像师张秋潭那一双手。

雕刻家周义之绝技

黄曾甫

周义,清末民初人,原籍宁乡,后迁居长沙市。幼入私塾,适对门某匠善雕刻,妙绝一时。周常逃学往观，私效其技，并刻于自家门墙床架，父怒挞之，竟不能改，久之亦曲尽其意。宁乡著名画师杨世焯，以善画花鸟虫草名于时，受聘来长定居。周闻之喜，以同里之谊常侍杨作画。一日，久立不去，问杨以笔法，杨颇不耐曰："子不能画，喋喋何为？"周曰："凡师之能写于纸者，我即能刻之于木。"杨即写老柏图，绘以凌霄，千丝万缕，纠结盘屈如龙蛇，画讫授周曰："如此可刻乎？孺子试仿之，不成，经后勿再过我。"周归取坚木，辍大食，屏人事，朝夕为之，极尽精力，三日而成，献之于杨，杨惊曰："子刻技精巧，胜我笔墨，异日必以此传。"因尽所存画稿付之，且授以篆分书法，诫之曰："技艺虽微，必矜慎自重，乃可名世，不遇鉴家勿作，非佳木亦勿作也。"周义得杨藏稿后，日夜临摹，技艺益精，所刻多檀木、黄杨，或以象牙。然不轻易动手，所作皆精品。

周少时亦尝作狎邪游，眷长沙福源巷一妓。妓以周贫，顾遇冷落，周乃刻一床相赠，以为缠头。床以黄杨木为两柱，一刻老梅，一刻虬松，床檐梅蕊松针，相互交错，几无隙地，井井不乱，如苏东坡诗云："交柯乱叶动无数，一一皆可寻其源"，若为此床而咏也。妓见大喜，灭烛留髡。未几周以瘁卒，妓亦他适，愿携床去，鸨不肯予。

族侄黄铁安，工篆刻，嗜收藏，曾购得周义所刻黄杨木扇骨一副，其上一幅作葡萄，须枝纠坚如纽绒丝；一幅作扁豆，有甫生荚者，有已枯者，栩栩如生。其中豆叶一枝，有虫蚀小孔，虫伏其内，蠕蠕欲动，尤为奇妙。扇骨下镌有“周义作”三字，小篆字体亦佳，令人把玩，爱不释手。此1933年间余亲见之事。铁安告我，此扇骨是以银洋十元，购自周义之弟周彦之手。周义卒于1910年，人闻周义生前曾云：“刻工十之四，磨工十之六，磨尤难于刻。”周义真迹虽花枝层叠，枝柯交集，然圆滑如玉，拊之滑可留手，其涩而拒手者伪品也。

杨佩贞巧绣罗斯福像

张季任

1933年美国芝加哥举办百年进步博览会，湖南送展的湘绣出自长沙市锦华丽绣庄，所绣的是当时美国总统罗斯福肖像，巧夺天工，轰动全美，参观者叹为奇观。博览会闭幕后，掌管湖南展品的何凤山，请示湖南省主席何键后，以何键的名义将绣像赠与罗斯福，获得很高评价，给奖金六千美元。翌年，何键以“誉满全球”匾额表彰锦华丽绣庄。

这样一幅珍贵的绣像，出自何人的超凡技艺？反复查询，得知是宁乡女绣工杨佩贞承绣。我接触了几位知情老人，查阅了有关资料，弄清了一些细节，特简述如后：

杨佩贞,1888年出生于宁乡县朱石桥楠竹山一书香门第之家。是著名湘绣画家杨世焯的侄孙女,少聪慧,入杨世焯开办的绣馆学刺绣,造诣颇深。后参加杨世焯开设的“春红簃”绣庄,技艺日精,成为该馆骨干。约四十岁回到家乡,承绣长沙各绣庄送来的重要绣品。

1932年底,锦华丽绣庄经理唐仁甫获悉:美国芝加哥将于1933年举办百年进步博览会,他想如用湘绣特有技巧,精绣罗斯福总统的像,在会上展出,必能饮誉国外,对绣庄发展,将产生极大影响。于是找来罗斯福的一幅半身像,亲自放大描摩 (唐仁甫是杨世焯再传弟子, 精于绘像), 配齐几十种彩线, 于是年农历十二月初一日,送至杨佩贞家中,并详加指点,嘱速赶绣,不误送展日期。杨佩贞接受任务后,立即邀她侄女杨培宪(湘绣高手,尚健在)帮助绣衣服部分,自己专绣头发脸面等关键部位。两人专心致志,日夜赶工, 历时四十天, 于翌年农历正月初十完成,除夕、元旦均未歇息。绣成后,罗斯福像神态端庄潇洒,栩栩如生,赤红色卷发梳一边分的西式头,脸也略呈赤红色,着酱色西装,白衬衣,结蓝领带,配色极协调。刺绣的针法全部采用湘绣传统的直掺针、齐针、平针。罗斯福眼角的鱼尾纹,呈水平横线。所用直掺针,绝对垂直,无稍歪斜,一点一点连接,每点仅两三根丝粗,直径约0.1毫米,细入微芒。背景线绿色底上用蓝丝线薄薄蒙绣,形成朦胧变化的色彩感。每绣一针的落点，都巧妙地深藏在前一丝中间，迹灭针痕，充分发挥了湘绣特有的技艺，达到了出神入化的境地。因此，绣像在芝加哥展出时，获得极高赞誉，决不是侥幸取得的。

“飞毛腿”刘重

黄一欧 遗稿　龚业隆 整理

刘重，别号钦石，湖南永兴县江霞冲人，1882 年生。他身材瘦长，善走路、跳高，据其同族人说，他青年时一天能行二三百里，祖父去世时，他从长沙回籍奔丧，相隔六百里，仅两昼夜就已赶到。因此，人们送他“飞毛腿”、“神行太保”的称号。

刘重二十一岁(1903)中秀才，到长沙进游学预备科，得识刘揆一。刘介绍他加入华兴会，又奉先父黄克强之命，加入马福益为首的哥老会，任联络工作。1904 年，我家住长沙市北门紫东园，当时刘重每于拂晓前从湘潭动身，步行九十华里，早饭过后不久就赶到了我们家里，这是我亲见的。

1911 年，刘重在永兴起义，被推举为县知事，不久去职。护国运动期间，在湘南一带从事反袁驱汤活动，仍与哥老会保持密切联系。赵恒惕统治湖南时期，聘刘为省长公署顾问，我担任

长沙市政公所总理。他常到我家来，虽届不惑之年，步履还像青年人一样矫健敏捷。他去广州出席非常国会，与在广东的程潜来往密切，拥护中山先生的北伐政策，招致赵恒惕之忌。1925 年 1 月，刘重在返粤途中于湘粤交界处被捕，为湘军第四师师长李品仙所杀害，时年四十三岁。

后　记

《新编文史笔记》丛书湖南分册《潇湘絮语》,由湖南文史研究馆主编,经本馆馆员和工作人员近一年的艰苦努力,现在问世了。

湖南地灵人秀,湖湘文化源远流长,近代以还,风云际会,人文荟萃,各领风骚,为撰写文史笔记提供了广阔天地。《潇湘絮语》根据编辑原则,题材内容以文史方面为主,时间跨度以清末民初至建国前为止,材料来源以"三亲"即亲历、亲见、亲闻为主,题材范围以限于湖南的人文史实为主。史料力求符合实际,真实可信。凡编入文章要求精练简约,不拘一格,朴实生动,引人入胜。本书共搜集一百三十篇文章,其中多数为现有馆员撰写和已故馆员的遗稿。他们阅历丰富,饱经沧桑,怀述世之志,兼文史之长。不少馆员不顾年迈体弱,认真回忆,寻踪调查,辛勤写作,表现了高度的责任感和求实精神。此外,还有一部分稿件系约请社会上知情人士撰写。对所有惠赐稿件的同志，我们谨表示诚挚的谢意。特别是音乐界前辈贺绿汀先生，文学界耆宿程千帆先生在百忙中为本书写稿，乡情高厚，感激莫名。

本书主编为彭小峰，编辑边仲仁、戴铁珊、龚业隆、郑剑飞。编写这种体裁的文史笔记我们是首次尝试，由于缺乏经验，水平有限，书中疏漏之处，或恐不免，敬希读者不吝赐教。

编　者